AF289478

Scott Hahn

Običajno delo, neobičajna milost

Moje duhovno potovanje v Opus Dei

PRIVEZ

Zbirka Privez

Naslov izvirnika
Ordinary Work, Extraordinary Grace: My Spiritual Journey in Opus Dei

© Scott Hahn, 2006

© za slovensko izdajo: Fundacija Slovenica, 2025

Prevod
Jure Plut

Jezikovni pregled
Aleš Štampfl

Tiskano v Nemčiji

Verlag:
BoD · Books on Demand GmbH,
Überseering 33, 22297 Hamburg,
bod@bod.de
Druck:
Libri Plureos GmbH,
Friedensallee 273, 22763 Hamburg

Naročila
fundacija.slovenica@gmail.com

ISBN: 978-3-8192-6560-0

MIX
Papier aus verantwortungsvollen Quellen
Paper from responsible sources
FSC® C105338
FSC
www.fsc.org

Josephu Paulu Karlu Hahnu

KAZALO

1. POGLAVJE
Oseben uvod

Naj bodo tvoja dejanja in besede takšne,
da bodo vsi, ko te bodo videli ali slišali,
rekli: ta prebira življenje Jezusa Kristusa.

—POT, ŠT. 2

Nisem bil še pravi katoličan. Bal sem se to postati.

Kot prezbiterijanski pastor sem šel na podaljšan študijski dopust, saj sem potreboval čas za učenje, molitev in premišljevanje. Skozi leta – kljub svoji utrjeni kalvinistični in evangeličanski formaciji – sem počasi prebiral svojo pot v katoliški način razmišljanja. Podrobneje kot sem študiral Sveto pismo, teologijo in zgodovino – in bolj kot sem molil – bolj privlačno je postajalo katoliištvo.

Toda izkušnjo katoliištva sem doživljal samo skozi knjige. Po najstništvu sem skoraj vsa leta preživel v okoljih, ki so bila pretežno (in goreče) protestantska – sprva kot študent na majhnem, zasebnem kolidžu, nato v uglednem evangeličanskem semenišču in kasneje kot pastor in učitelj v nekaterih manjših cerkvah in šolah. Na vseh teh mestih sem stopil v stik s pristnim občestvom, navdihujočim vodenjem in strastnim čaščenjem.

Na drugi strani pa je bila moja kratka izkušnja z ljudmi, ki so se imeli za katoličane – izven knjig – vse prej kot navdihujoča. Ta izhaja predvsem iz mojih najstniških let, od otrok, ki so bili ravno takšni prestopniki kot jaz, preden sem sprejel Jezusa kot Odrešenika.

Odrasel sem in se začel soočati s krizo. Bil sem pobožen protestant in posvečen pastor, ki so se mu zdeli argumenti katoličanov nadvse privlačni in prepričljivi. Tako sem s težavo izbiral med vsem tem, kar sem imel rad v svoji protestantski preteklosti, in tem, kar sem začenjal razumeti o katoliški veri. Pri evangeličanih, ki sem jih poznal, sem odkril globoko pobožnost do Jezusa Kristusa ... ponižno mirnost pri molitvi ... osupljivo delavnost ... vnemo za kristjanizacijo kulture ... in izjemno zanimanje za Sveto pismo. Zadnja vrlina mi je bila kot pridigarju, oznanjevalcu božje besede in mlademu bibličnemu teologu še posebnega pomena. Toda v katoliškem nauku sem odkril sijajno skladnost, verodostojnost in moč.

Do krize me je pripeljalo prav Sveto pismo. Sprva sem želel razumeti »zavezno teologijo« prvih protestantskih reformatorjev. Raziskovanje me je vodilo do odkritja, da sta bila Jean Calvin in Martin Luther v svojih naukih veliko bolj »katoliška« od svojih sodobnih naslednikov. Calvin in Luther sta me pripeljala do različnih odlomkov Svetega pisma, ki se nanašajo na zakramente, cerkveno hierarhijo in avtoriteto, celo mariologijo – a kar je enako pomembno, pripeljala sta me do cerkvenih očetov, najzgodnejših razlagalcev Svetega pisma. Ravno na tem mestu, v delih cerkvenih očetov, sem naletel na cerkev, ki sem jo lahko prepoznal zgolj kot katoliško. Bila je liturgična, hierarhična in zakramentalna. Bila je Katoliška, a je kljub temu zajemala vse, kar sem vzljubil pri tradiciji reformacije: globoko pobožnost do Jezusa, spontano življenje molitve, vnemo za preoblikovanje kulture, in seveda, gorečo ljubezen do Svetega pisma.

Toda ta Cerkev mi je bila resnična samo v zaprašenih knjigah, ki sem jih bral. Želel sem vedeti, kje so navadni katoličani, ki takšno vero tudi živijo.

Očitno so me čakali v Milwaukeeju.

Stične točke

Za podiplomski študij teologije sem prišel na Univerzo Marquette z visokimi upi, a nizkimi pričakovanji. Toda kmalu sem naletel na milost za milostjo. Spoznal sem prijaznega in sijajnega duhovnika, ki se je bil z mano pripravljen pogovarjati o teologiji do jutranjih ur. Povedal mi je o svoji vzgoji, ki jo je doživljal v poljsko-ameriškem domu, kjer so domači drug drugega običajno pozdravljali s citati iz Svetega pisma. A rekel sem si, da ni navaden katoličan. Imel je namreč doktorat z univerze v Rimu, nekaj časa je kot uradnik delal v Vatikanu; in vsi so šepetali (upravičeno, kot se je izkazalo), da je na poti, da postane škof.

Nato sem začel spoznavati druge katoličane – eden je bil politični filozof, drugi zobozdravnik – ki so izkazali podobne vrline. Pri njiju me je najbolj navdušilo to, da sta s seboj v žepu nosila majhno Biblijo. Ob nenavadnih trenutkih dneva sem pogosto opazil v cerkvi, kako sedita in bereta Sveto pismo. Če sem ju prosil, da mi razložita kakšno točko nauka, pa sta knjižico izvlekla za rezervo. Mislil sem si: *To so ljudje, ki berejo življenje Jezusa Kristusa – in berejo ga do potankosti.*

Omenil sem svojemu prijatelju duhovniku, da sem srečal dva, ki vedno nosita Novo zavezo s seboj, in da izgleda, kot da jo resnično poznata.

Odgovoril mi je:»A, gotovo sta iz Opus Dei.«

Opus Dei. Znal sem dovolj latinščine, da sem vedel, da to pomeni *božje delo* ali *delo od Boga.* Ko sem zaslišal duhovnikove besede, se mi je Opus Dei nemudoma zazdel kot žarek – svetilnik, ki obljublja konec dolgemu potovanju in mi bežno razkriva kopno, o katerem sem bral samo v knjigah. Saj ne, da bi bilo premajhno, da bi ga opazil, ali da bi ga predstavljal le Opus Dei; Katoliška cerkev je namreč bolj prostrana od vsega, za kar me je moja veroizpoved pripravila. In bile so v Cerkvi takrat, kakor so zdaj, številne imenitne organizacije in gibanja, toda zaradi različnih razlogov je bil Opus Dei mesto, kjer sem se lahko začel čutiti kot doma.

Kateri so bili ti razlogi?

- Na prvem mestu je bila predanost njegovih članov do Svetega pisma.
- Na drugem topli ekumenizem. Opus Dei je prva katoliška organizacija, ki je k sodelovanju pri apostolskem delu povabila nekatoličane.
- Tretji razlog je bilo dejstvo, kako pokončno živijo njegovi člani.
- Četrti, kako običajna so bila njihova življenja. Ni šlo za teologe – bili so zobozdravniki, inženirji, novinarji – a so teologijo, ki se mi je zdela privlačna, živeli in o njej govorili.
- Peti, privzgojili so si plemenit cilj – predano delavnost.
- Šesti, bili so prijetno gostoljubni in se velikodušno posvetili mojim številnim vprašanjem.

• In sedmi, molili so. Vsak dan so našli čas za osebno molitev – iskren pogovor z Bogom. To jim je dalo vedrine, ki sem jo pri redkokom srečal.

S tem ko je moje prijateljstvo z možmi iz Opus Dei rastlo, sem začenjal vse bolj ceniti njihovo bogato biblično teologijo in duhovnost, ki sta bili v središču njihovega poklica. Ti sem vzel za svoji, že dolgo preden mi je Bog dal ta isti poklic – zares, celo preden me je Bog privedel k zakramentom Katoliške cerkve. Nemudoma sem spoznal njun neverjetni potencial, da prerodita ne samo moje življenje, temveč tudi življenje Kristusove Cerkve in življenje sveta. Ta knjiga govori o biblični teologiji in biblični duhovnosti Opus Dei.

Kako z Delom hitro opraviti

Moja najljubša definicija Opus Dei je tista, ki sem jo našel na hrbtni strani molitvene podobice iz sredine osemdesetih let. Opus Dei je »pot posvečevanja v poklicnem delu in izpolnjevanju običajnih kristjanovih dolžnosti«. Ne gre samo za način molitve, organizacijo znotraj Cerkve ali teološko šolo. Gre za *pot*. In ta je dovolj široka, da sprejme vsakogar, čigar dnevi so zapolnjeni s poštenim delom – z otroki doma, v tovarni ali pisarni, v rudnikih, na kmetiji ali bojišču. Pot je ravno tako dovolj široka, da sprejme raznolike načine molitve, teološke sloge ter metode. Bog nekatere ljudi kliče, da tej poti izročijo svoje življenje kot verniki Opus Dei, mnogi drugi pa od organizacije in knjig ustanovitelja sprejmejo duhovno vodstvo.

Na kratko povedano: Opus Dei je leta 1928 ustanovil mlad španski duhovnik, sv. Jožefmarija Escrivá de Balaguer. Že leta pred tem je v molitvi prejemal namige in slutil, da Bog od njega nekaj želi, a ni vedel, kaj bi to bilo. Nato pa je precej nenadoma nekega oktobrskega dne, ko je prebiral zapiske iz svojega dnevnika, *uvidel*. Bog je sv. Jožefmariju pokazal, kaj želi od njega.

Ustanovitelj je redko govoril o tem, kaj je *videl* v tistem trenutku, a vedno je uporabljal glagol *videti*. Jasno je dal vedeti, da je videl Opus Dei v celoti, kot se bo razvijal skozi leta. Neki vatikanski dokument ta dogodek opiše takole: »Ni šlo za pastoralni projekt, ki bi obliko dobival počasi, temveč za klic, ki je iznenada prodrl v dušo mladega duhovnika.«[1] Kaj je videl? Morda nam njegovi pestri osebni zapiski dajo bežen vpogled v videnje: »Navadni kristjani. Vzhajajoče testo. Naše področje je to, kar je običajno, naravno. Sredstvo: poklicno delo. Vsi sveti! Tiha izročitev.«[2] Ko so na njegovo prvo uradno dejavnost prišli samo trije, jih je blagoslovil z Najsvetejšim: »Na koncu srečanja sem [...] blagoslovil tiste tri ... jaz pa sem jih videl tristo, tristo tisoč, trideset milijonov, tri milijarde ..., belih, črnih, rumenih, vseh barv, vseh kombinacij, ki jih je zmožna človeška ljubezen.«[3]

Sv. Jožefmarija je videl, da Jezus želi, da je svetnik vsak – brez izjem. Naš Gospod je govoril množici, ne svojemu ožjemu krogu, ko je v govoru na gori rekel: »Bodite torej popolni, kakor je popoln vaš nebeški Oče« (Mt 5,48). *To* je tisti nedvoumni evangelij, dobra novica, ki so jo apostoli oznanjali narodom. Sv. Pavel je naznanil: »[Bog] nas je izvolil v njem, da bi bili pred njegovim obličjem sveti in brezmadežni« (Ef 1,4). Poleg tega je Bog razkril svoj »načrt« za nas, »skrivnost njegove volje«. V polnosti časa – ki je prav zdaj, danes – moramo »osrediniti v Kristusu kot glavi vse« (Ef 1,10).

Sv. Jožefmarija je učil, naj bodo vse človeške dejavnosti – politično življenje, družinsko življenje, družbeno življenje, delo in počitek – osredinjene v Kristusu, izročene Bogu kot prijetna daritev, združena z žrtvijo na križu, združena z daritvijo pri maši. Hrepenel je po dnevu, ko bodo »vsepovsod po svetu navzoči kristjani z osebno in nadvse svobodno predanostjo, ki bodo drugi Kristusi«.[4]

Sv. Jožefmarija je na stvarstvo gledal kot na veliko kozmično liturgijo, ki jo ti »drugi Kristusi« v povezanosti s Kristusom, velikim duhovnikom, darujejo Očetu.

Duhovniška duša, laična miselnost

To daritev lahko opravimo, saj smo »kraljevsko duhovništvo, svet narod« (1 Pt 2,9). Imamo delež pri Kristusovem duhovništvu in kraljestvu, ker smo po krstu deležni njegove narave (glej 2 Pt 1,4). Sv. Jožefmarija je kristjane nagovarjal, naj imajo »zares duhovniško dušo in popolnoma laično miselnost«, kar ni protislovno. Kot duhovniki in kralji imamo tako duhovni kot posvetni poklic. Smo del Kristusovega kraljestva in njegovega duhovništva. Posvečujemo torej časni red, ga izročamo Bogu in prenavljamo »v Kristusu«, saj v njem živimo. Prenavljamo ga počasi, postopoma, pri prvem centimetru, metru ali kilometru, do koder seže področje, ki nam je dano. Naše delovno mesto, življenjski prostor – to je področje našega delovanja in duhovništva. Naš oltar je pisalna miza, delavnica, jarek, ki ga izkopljemo, vrt, ki ga okopljemo, plenice, ki jih zamenjamo, lonec, ki ga pristavimo, postelja, ki jo z zakoncem delimo. Vse to posvečujejo naše roke, ki so roke Kristusa samega.

Ta nauk Opus Dei še posebno poudarja, a je značilen za celotno Cerkev. Kraljestvo in duhovništvo, pravice in dolžnosti ne pripadajo zgolj peščici privilegiranih, ne samo posvečeni duhovščini, temveč vsem krščenim vernikom. Naše posebno dostojanstvo je, da smo po krstu postali »božji otroci« (1 Jn 3,2) – pridružili smo se »občestvu prvorojencev« (Heb 12,23). In če smo prvorojenci, smo tudi dediči (Gal 4,7), dediči Kristusovega kraljestva in duhovništva – svetnega (kar posvečujemo) in duhovnega. »Vse je vaše,« pravi sv. Pavel, »vi Kristusovi, Kristus pa božji« (1 Kor 3,22-23).

Smo božji otroci. Teološki izraz za to dejstvo je »božje otroštvo« – to pa je temelj Opus Dei. Je vir svobode, samozavesti, smisla, navdušenja in veselja za vse dejavne kristjane. Gre za odkrito skrivnost, ki omogoča vsem možem in ženam tega sveta, da zaživijo svoj poklic: po delu posvečevati sebe in druge.

Se zavedam, da je to precejšen zalogaj. Zato bomo v preostanku knjige te nauke podrobneje preučili.

Oblikovanje

Sv. Jožefmarija je do konca življenja oznanjeval to, kar mu je Bog razodel. Sprva tej stvari niti imena ni dal. Duhovni voditelj mu je »Opus Dei« svetoval skoraj po nesreči, ko ga je vprašal: »Kako kaj tisto božje delo?«

Postopoma so se sv. Jožefmariju organizacijske podrobnosti razjasnile, čeprav cerkveno pravo organizacije, kot jo je razkril Bog, tedaj še ni moglo sprejeti. Sv. Jožefmarija je razvoj Dela previdno spremljal – da ne bi nikoli za stalno padlo v neprimerno institucionalno obliko, kljub temu pa je moralo iti skozi več neustreznih in začasnih pravnih rešitev. Leta 1965 so na drugem vatikanskem koncilu predstavili novo obliko, *osebno prelaturo* – organizacijo, ki vključuje tako laiške člane kot duhovnike ter lahko izvaja specifične apostolske naloge. Beseda *osebna* pomeni, da vodja organizacije, prelat, nima avtoritete nad določenim ozemljem (kot jo ima škof ordinarij), temveč nad določeno skupino ljudi, kjer koli se že nahajajo. V primeru Opus Dei gre za vernike prelature – tiste, ki so poklicani, da se zavežejo stalni predanosti tej »poti posvečevanja«. Bodisi poročeni ali v celibatu, svojo dokončno odločitev (ki ima obliko pogodbe) izkažejo ob *oblaciji*, odločitev pa obnavljajo vsako leto. Na neki točki lahko izkažejo stalnost svojega poklica slovesneje, z *zvestobo* – s katero podaljšajo čas pogodbe doživljenjsko.

Sv. Jožefmarija je prepoznal osebno prelaturo kot popolno obliko za Opus Dei. Toda ni doživel dne, ko je njegova družina dosegla svoj dom. Umrl je leta 1975. Sedem let kasneje je papež Janez Pavel II. postavil Opus Dei kot prvo osebno prelaturo Cerkve. V času pisanja te knjige ima približno 85.000 članov – »vernikov«, kar je za Cerkev bolj primeren izraz. Velika večina je običajnih laikov. Število duhovnikov je majhno.

Ne običajno

Zgodbe o ustanovitvi Opus Dei bi lahko dale napačen vtis in morda je ravno zaradi tega sv. Jožefmarija o tem govoril tako redko. Ustanovitev Opus Dei je bil trenutek nekaterih dokumentiranih čudežev in izrednih razodetij. Toda poudarek Opus Dei je odločno na *običajnem* življenju, *običajnem* delu in *običajni* verski izkušnji.

Morda so bili čudeži potrebni zaradi resnično radikalne narave božjega načrta za sv. Jožefmarija. Bil je to načrt, ki se je v zgodnjih dvajsetih letih, ko so katoliški voditelji poudarjali dostojanstvo duhovščine skoraj brezobzirno do navadnih kristjanov, zdel korak pred časom. V Evropi, kot tudi v Združenih državah, navaden in splošen klic vseh krščenih k svetosti ni bilo sprejeto teološko mnenje. Sv. Jožefmarija se je soočal celo z obtožbami krivoverstva.

Toda Bog je tiste neobičajne prve milosti – videnja, čudeže in osebna razodetja – uporabil, da je utrl pot skozi običajno življenje. Včasih je za gradnjo avtoceste treba razstreliti težke eksplozive, za njeno vzdrževanje pa redkokdaj.

Tako se bomo zdaj osredotočili na običajno življenje. Bog svojim otrokom dovoljuje, da gospodujejo nad svetom (1 Mz 1,26), in jih vabi, da uživajo v običajni dobroti njegovega stvarstva, ki ga je odrešil. Povrh tega nam daje izreden dar, da lahko pri stvarjenju in odrešenju neposredno sodelujemo.

Primer običajnega v praksi: člani Opus Dei spodbudo Cerkve k apostolatu jemljejo resno. Toda ne boste jih srečali na cesti, kako z biblijami ustavljajo ljudi ali trkajo po vratih, da bi pričevali o Jezusu. Sv. Jožefmarija je namesto tega učil tihega apostolata »prijateljstva in zaupnosti« – vsakodnevne situacije – po katerem člani iščejo načine, da služijo drugim. To lahko pomeni, da nekoga namesto na molitev povabijo na kosilo – ali izzovejo na igro tenisa namesto na doktrinalno debato.

Vse skupaj je zelo običajno. Toda ta nauk ima sam po sebi moč, da ljudi pretrese. V sodobnem svetu so ljudje – in celo nekateri v Cerkvi – postavljeni na glavo in je zato poudarjanje običajnega za njih res neobičajna stvar!

K poklicu

Sedaj je po vsej verjetnosti že odveč reči, da je naposled ta kalvinist postal katoličan – in da so bili moji prvi stiki z Opus Dei pomembni mejniki na poti do Katoliške cerkve. Morda ste tudi že ugotovili, da sem prejel poklic v Opus Dei.

V smelosti, da pišem to knjigo, se ne želim postaviti kot zgled ali vzor Opus Dei. Ravno tako ta knjiga ne predstavlja uradnega stališča Dela (kot se Opus Dei včasih pogovorno imenuje), njegovih ciljev in načel. Še manj gre za natančno razčlembo organizacijske strukture Opus Dei ali njegovega pravnega položaja v Cerkvi. Knjige o tem so že napisane in napisane zelo dobro.

Bolj kot to je ta knjiga moja refleksija o poklicu, ki ga delim s toliko drugimi – možmi in ženami, ki se v modrosti, krepostih in vsakdanjem življenju Opus Dei odlikujejo veliko bolj kot jaz. Predstavlja tudi javen izraz moje hvaležnosti Bogu zaradi milosti, ki je nisem vreden – milosti, za katero upam, da je bodo postali deležni še mnogi, kolikor bo to zanje hotel Bog.

Glede na to, da sem po izobrazbi in poklicu biblični teolog, ta knjiga uporablja metode mojega svojskega (in za posvečevanje primernega) poklica za obravnavo temeljih zamisli Opus Dei.

2. POGLAVJE

Skrivnost Opus Dei

> Kako dobro je biti otrok! – Ko odrasel človek
> prosi za kaj, mora prošnji priložiti seznam
> svojih zaslug. Ko pa je ta, ki prosi, otrok –
> otroci vendar nimajo zaslug –, je dovolj, če
> reče: sem sin tega in tega. O, Gospod! – mu
> reci z vso dušo! – jaz sem … božji otrok!
>
> —POT, ŠT. 892

Mlade pridigarje včasih v navdušenju do njihovega področja zanese. Vanj se tako poglobijo, da se jim zdi, da je njihova trenutna snov ključ za razumevanje vsake druge snovi, teme, problema ali vprašanja.

Tako je moralo biti v primeru nekega mladega duhovnika Opus Dei. Bil je pravkar posvečen in nastanjen v Rimu, blizu zgodovinskega in upravnega srca Katoliške cerkve in še posebej blizu monsignorja Escrivája, ki je takrat še živel in bil dejavno vključen v dnevno življenje Dela.

Kakšno veselje, ko so mladega duhovnika nagovorili, da bi v centru Opus Dei, kjer je živel ustanovitelj, vodil meditacijo. Predvidena tema je bila »ponižnost«.

Duhovniki Opus Dei, kot vsi člani, so pozvani, da svoje delo opravijo z najvišjo možno odličnostjo, saj to delo izročajo Bogu. Zato naj bi duhovnik svojo pridigo pripravil z dolžno skrbnostjo in raziskal, kaj o obravnavani temi pravijo svetniki in učenjaki. Član katere koli ustanove v Cerkvi pa bo pregledal tudi ustrezne knjige njenega ustanovitelja. Ni problema: monsignor Escrivá je o ponižnosti napisal precej.

Tako smo lahko prepričani, da se je mladi duhovnik na govor o ponižnosti dobro pripravil. Brez dvoma je pred obsežnostjo teme postal ponižnejši. V svoji glavi in pridigi jo je v temni kapeli predstavljal kot predmet življenjskega pomena.

V določenem trenutku meditacije je prepričljivo izjavil: »Duhovni temelj Opus Dei je ponižnost.« Morda se je zatem malo ustavil, da bi o izjavi še malo premislili.

Toda v tistem trenutku se je iz ozadja kapele nenadoma zaslišal jasen, očetovski glas: »Ne, ni!«

Iz sence je odločno prikorakal sv. Jožefmarija in šel do mesta, kjer je mladenič pridigal. Stari svetnik mu je med nagovarjanjem z »moj sin« pomignil, naj vstane s stola.[5]

Biti moramo previdni, da tega trenutka ne razumemo napačno. Sv. Jožefmarija je vljudnost visoko cenil. Ni bil človek, ki bi ljudi prekinjal in popravljal, kadar koli je kdo izustil kaj netočnega. Po drugi strani pa se mu ni zdelo neolikano vpiti »požar!« v goreči stavbi. Napačno prikazati duha Opus Dei – četudi zaradi mladostne razposajenosti – je bil tak trenutek. V centru Opus Dei je to zahtevalo nujno ukrepanje.

Tako je sam dokončal meditacijo in poslušalcem – ki so bili tedaj še posebej pozorni – razkril resnični duhovni temelj Opus Dei.

»Božje otroštvo,« je rekel.

K izrazu

Božje otroštvo mora po sv. Jožefmariju postati središče našega življenja.

Pomen je preprost in bibličen: »[Z]daj smo božji otroci« (1 Jn 3,2). Preprosto in domače, morda celo predomače. »Očetovstvo Boga in bratstvo človeka« je puhlica, obrabljen kliše – celo za mnoge nekristjane. Ta nauk, ki je bil nekoč pri oznanjevanju evangelija v središču, je bil nemara kar predobro asimiliran. Izgubil je moč, ki jo je imel, da je pretresel prvi rod kristjanov. Ko je o božjem otroštvu govoril sv. Janez, celo po več desetletjih oznanjevanja ni mogel skrivati svojega navdušenja: »Poglejte, kakšno ljubezen nam je podaril Oče: božji otroci se imenujemo in to tudi smo« (1 Jn 3,2).

In to tudi smo! Za trenutek pomislite na čudež človeškega spočetja in rojstva, ki sta bila posneta po zaslugi mikro fotografije. Zdi se neverjetno, da bi ob vseh naravnih ovirah spermij uspel oploditi jajčece in da bi se jajčece uspešno vsadilo in se zarodek razvil v plod – in da bi otrok do rojstva vztrajal v maternici. Celo zapriseženi sekularisti že ob misli na človeško otroštvo osupnejo. Ustvarjalci nanizanke *Nova*, ki jo je v Združenih državah predvajala javna medijska ustanova (PBS), so se čutili obvezane, da dokumentarni film o razvoju otroka naslovijo »Čudež življenja«.

Človeško otroštvo je po svoje čudež, a ni nič v primerjavi z nadnaravnim rojstvom, božjim otroštvom, ki ga kristjani prejmejo ob krstu. Po njem se poistovetimo s Kristusom, združimo s Kristusom – okrepljeni, da živimo njegovo življenje. Ob tem pa povzdignjeni, da delimo življenje večnega

Božjega Sina in Svete Trojice. Po krstu torej postanemo kot Jezus, otroci vsemogočnega in večnega Boga – otroci Očeta, ki nam lahko da vse, kar potrebujemo, ki je popoln, vsevedni, vseprisotni Oče, ki drži vse svoje obljube in ne dela napak.

Božje otroštvo je razlog, da smo krščeni. V njem je stvarnost nebes. Gre za to, kar Nova zaveza opisuje kot »odrešenje«, »posvečenje« in »opravičenje«. Sv. Jožefmarija si je proces drznil imenovati »pobožanstvenje« – ko navadna človeška bitja pridobijo nadnaravno naravo; postanejo božja in živijo kot božji otroci v večni družini, Trojici.

Po krstu smo postali božji otroci in začeli živeti v Kristusu. Smo, kot opisuje cenjen rek cerkvenih očetov, »sinovi v Sinu«. V poslavljanju od svojih učencev, kot poroča evangelist Janez, Jezus opisuje svoje posebno občestvo z Očetom in sočasno občestvo z verniki: »Tisti dan boste spoznali, da sem jaz v Očetu in vi v meni in jaz v vas« (Jn 14,20).

Kristus je božji prvorojenec, tako da naše sinovstvo ni enako njegovemu, temveč si ga v njem delimo. Nismo Bog. A Jezus sam je naše sinovstvo opisal, ko je rekel: »bogovi ste« (Jn 10,34 in Ps 82,6). Njegovo sinovstvo je neustvarjeno in večno. Naše pa je milost; ustvarjeno in posvojeno. Toda resnično. Po krstu smo bolj njegovi otroci kot otroci naše zemeljske matere ali očeta. Po krstu smo bolj domači v nebesih kot v kraju, kjer smo odraščali. Sv. Maksim Izpovedovalec je to pojasnil tako: »postanemo to, kar je Bog, na ravni našega bistva,« in si pridobimo Boga samega, v vsej njegovi neskončnosti in večnosti. Sv. Janez Damaščan je to opisal: po milosti postanemo to, kar je Bog po naravi.

Deluje protislovno: končno vsebuje neskončno. Toda Bog

sam je to omogočil, ko je v Jezusu Kristusu prevzel človeško meso. Tako je svojo božanskost počlovečil, ob tem pa človeštvo pobožanstvil in posvetil – naredil sveto – vse, kar obdaja človeško življenje: prijateljstvo, obroki, družina, potovanja, študij in delo.

Tramvaj

Ne želim dati občutka, da je vse to teoretično in, razen z besedami, ki se končajo z *-izacija,* povsem neizrazljivo. Sem teolog in profesor in pogosto govorimo o rečeh na tak način. Sv. Jožefmarija je bil tudi sam učitelj, z dvema doktoratoma, ampak božjega otroštva ni dojemal kot sklep silogizma in je o njem le redko govoril z izrazi akademske teologije. Zanj se je začelo z veliko bolj neposredno in globoko izkušnjo.

Bilo je leta 1931, tri leta po ustanovitvenem videnju, a kljub molitvi in trudu ni imel veliko pokazati. Poleg tega je zaradi vznemirjenosti španske družbe, ki je vodila v krvavo državljansko vojno, veliko trpel. Revščina je bila vsesplošna, morala se je razkrajala in protikatoliško nasilje je bilo v porastu. Krizno žarišče je bila seveda prestolnica, Madrid, kjer je živel.

16. oktobra zjutraj je v tihi cerkvi po darovanju maše skušal moliti, a tega takrat nikakor ni zmogel. Tako je šel ven, kupil časopis in stopil na tramvaj. Namestil se je na sedež, začel prebirati dnevne novice in zelo nenadno in izrazito začutil »Gospodovo delovanje«. Kasneje je pojasnil, da je Bog dal, »da v mojem srcu in na mojih ustnicah kot nekaj ukazovalno potrebnega vznikne ta nežni klic: *Abba! Pater!*«[6]

Čeprav v tihem svetišču moliti ni bil zmožen, je bil na hrupni cesti, na tramvaju, nepričakovano oblit z molitvijo. In njegova molitev je bila zgolj »Oče!« ali natančneje, »Oči!«. V aramejskem jeziku, ki ga je govoril Jezus, je *Abba* intimnejša in pogovorna oblika, ki bi jo uporabili majhni otroci do svojih očetov. Jezus je to obliko uporabljal v molitvi, kot tudi sv. Pavel. *Pater* je latinska beseda za »oče«, ki se tako pogosto pojavlja med mašo.

Toda to niso bile samo navadne besede. Ravno tistega dne v svojih zapiskih omenja, »kako priteka molitev vzgibov, obilna in goreča«.[7] Molitev z njegovih ustnic je bila nezadržna. Stopil je s tramvaja, odtaval na prometno ulico, ob tem pa brez prestanka klical svojega nebeškega Očeta: *Abba! Pater! Abba! Pater! Abba! Pater!* Tudi občutek za čas je izgubil; trajalo je »morda uro, morda dve«. »Morali so me imeti za norega,« je kasneje dejal, ko je pomislil na odzive mimoidočih. Do tistega jutra in vožnje s tramvajem ni prepoznal pomena, ki ga ima božje očetovstvo za njegovo življenje, svet in Delo, ki se je rojevalo. Na izkušnjo se je navezoval kot na »prvo molitev božjega otroka«. Takoj je spoznal, kako pomemben je ta dogodek za duhovnost Opus Dei.

Bog mu ni pustil moliti v tihi cerkvi, radodarno pa ga je z molitvijo obdaril sredi običajnega, delavnega sveta. Od tega trenutka dalje ni nikoli odstopil od svojega prepričanja: »Božje otroštvo,« je govoril, »je temelj duha Opus Dei.«[8]

Kakšne so posledice? »[D]a bodo moji otroci, ko bodo živeli božje otroštvo, navdani z veseljem in mirom ter zavarovani z nepremagljivim obzidjem; da bodo znali biti apostoli tega veselja in bodo znali svoj mir sporočati naprej, tudi v lastnem in tujem trpljenju. Ravno zaradi tega: ker smo prepričani, da je Bog naš Oče.«[9]

Kot Oče, kot Sin

Poznati Boga kot Očeta pomeni poznati Boga kristjanov, Boga Jezusa Kristusa. Božje očetovstvo je namreč izključno krščanska ideja. Samo kristjani istovetijo besedo »Oče« s pravim imenom Boga. Ostala verstva trdijo, da je Bog *kot* oče, saj je stvarstvo na nek način *kot* razmnoževanje človeka ali ker je božja previdnost na nek način *kot* skrb zemeljskih skrbnikov. Toda v nekrščanskih verstvih je božje očetovstvo izključno metaforično. Bog deluje na očetovski način zgolj v odnosu do drugih stvari – sveta, človeštva ali izvoljenega ljudstva. Očetovski je samo takrat, ko ustvari nekaj, za kar lahko skrbi. Božje očetovstvo je tako v nekrščanskem smislu odvisno od drugih stvari. Povezano je z božjim delovanjem skozi čas, ne pa z njegovim bistvom.

Za muslimane je govorjenje o Bogu kot »očetu« preprosto bogokletno, oskrunitev božje transcendence in preprostosti. Za Jude Bog *deluje* kot oče izvoljenega ljudstva, a njegovo očetovstvo ni predhodno stvarjenju in njihovi izvolitvi.

Zgolj kristjani si drznejo trditi, da je Bog »Oče« od večnosti – pred časom, pred stvarjenjem. On je »Oče« sam po sebi, saj znotraj Svete Trojice vekomaj biva v odnosu do Sina.

Za kristjane je torej božje očetovstvo njegovo bistvo. »Oče« je On, ki je. Ne gre torej za nekaj metaforičnega, temveč metafizičnega. Ustrezneje bi bilo reči, da je človeško očetovstvo metaforično, začasno znamenje večne resnice. Božje očetovstvo je očetovstvo v najresničnejšem smislu.

Bog je večni Oče Jezusa Kristusa in Oče tistih, ki po krstu v njem živijo.

Resnica evangelija

Ne gre za novost, ampak raje za obnovitev nečesa, kar je v krščanstvu klasično. Sv. Jožefmarija je rekel, da je »staro kot evangelij in kot evangelij novo«.[10]

Starozaveznih sklicev na božje očetovstvo je malo in so sami po sebi dvoumni. Tudi prva štiri poglavja Nove zaveze božjega očetovstva sploh ne omenjajo. Z začetkom Jezusovega oznanjevanja – posebno med govorom na gori – pa ta ideja postane prevladujoča. V enem samem govoru je Bog označen za Očeta sedemnajstkrat – mnogo večkrat kot v celi Stari zavezi. Na vrhuncu govora Jezus množico uči, naj k Bogu molijo z »Oče naš« – izreden in revolucionaren nov način molitve.

Naše božje otroštvo je osrednje sporočilo evangelija, kot ga je oznanjal Jezus, in bistveni pomen odrešenja, ki nam ga je pridobil. Ni nas zgolj rešil *od* greha, ampak tudi *za* sinovstvo. Katekizem Katoliške cerkve to jasno opisuje: »[S] svojo smrtjo nas rešuje greha, s svojim vstajenjem nam odpira dostop do novega življenja. Vstajenje je najprej opravičenje, ki nas spet postavlja v božjo milost, 'da bi prav tako, kakor je Kristus po veličastnem Očetovem posegu vstal od mrtvih, tudi mi stopili na pot novega življenja'. Obstaja v zmagi nad smrtjo greha in v novi deležnosti milosti. Uresničuje posinovljenje, kajti ljudje postanemo Kristusovi bratje.«[11]

Božje sinovstvo je dar, ki ga je Bog namenil Adamu in Evi na začetku stvarjenja. Naša prastarša je Bog ustvaril »po svoji podobi, kot svojo podobnost« (1 Mz 1,26; glej tudi 5,1). Ta izraz je v Svetem pismu uporabljen samo še takrat, ko ob rojstvu Adamovega sina Seta (1 Mz 5,3) opisuje človeško očetovstvo. V trenutku človekovega stvarjenja je Bog »dahnil življenjski dih in tako je človek postal živa duša« (1 Mz 2,7). Pri tem ne gre za biološko življenje, dihanje živali, temveč božje življenje. Bog je dahnil svoj dih[12] – *ruah*, svojega duha – v Adama, a v nobeno žival. V začetku je Bog omogočil možu in ženi, da delita njegovo življenje in živita z njim v zaupnosti. Toda Adam in Eva sta se odločila postati kakor Bog (1 Mz 3,5), ne pod njegovimi pogoji, ampak pod svojimi. Njun izvirni greh je bila tako zavrnitev božjega otroštva. In Bog je spoštoval njuno odločitev.

Jezusovo odrešenje predstavlja obnovitev človekovega dostojanstva, s tem pa izpolnjuje prvotni božji načrt stvarjenja. »Ljubi, zdaj smo božji otroci« (1 Jn 3,2). Prvim kristjanom – pa tudi Madridčanu na tramvaju leta 1931 – ni bilo nič pomembnejše kot to. Sv. Pavel je Galačanom dejal: »Ker pa ste sinovi, je Bog poslal v naša srca Duha svojega Sina, ki vpije: 'Aba, Oče!'« (4,6).

Pozabljen nauk?

Gre za klasično krščanstvo. Toda noben krščanski zgodovinar ne more zanikati, da je bilo božje otroštvo v zadnjih stoletjih glede na ostali nauk založeno. Govorica o »pobožanstvenju« ali »pobožuenju« – skupna točka cerkvenih očetov – je postala tako redka, da je kardinal Christoph Schönborn leta 1988 napisal esej,[13] v katerem stopi v bran ravno te ideje. V njem se navezuje na številne zgodovinske razloge, zakaj so kristjani pozabili na svoje otroštvo. Na ta seznam bi rad dodal še razlog, ki mi je vlival strah v kosti, ko sem se oklevajoče bližal katoliški veri.

Menim, da se je ideja božjega otroštva izgubila po reformaciji med razpravljanjem o razmerju med vero, deli in opravičenjem. Štiri stoletja so se tako katoliški kot protestantski teologi strogo osredotočali na polemike, ki so zasenčile bistveno dejstvo krščanskega življenja. Reformatorji so oporekali določenim dogmam Cerkve, zaradi česar se je morala odzvati tako, da je svojo pozornost preusmerila k spornim točkam. Bilo je torej prerekanje, ki je pomešalo bistvo nauka. V času protireformacije so se katoliški pisci čutili dolžne, da poudarjajo predvsem točke, ki so jih protestanti zanikali. Vse to je bilo po svoje potrebno. Toda trajna posledica je bilo pisanje o teologiji, ki je bila nekako popačena in neuravnovešena.

Pri protestantskih reformatorjih me je najbolj očaral njihov poudarek na »zavezi« – prevladujoči stvarnosti skozi celotno Sveto pismo, ki se deli na »Staro« in »Novo«. Zlasti Jean Calvin je v zavezi videl ključ za razumevanje našega opravičenja, posvečenja in odrešenja. Toda za Calvina je bila »zaveza« zgolj neke vrste »pogodba«, tako da so bili njegovi nasledniki naravnani k temu, da o krščanski veri govorijo v pravnem smislu kot o pravicah in dolžnostih ter pogojih menjave.

Vendar mi je sodobno raziskovanje zaveze razkrilo nekaj popolnoma drugega. Starodavna zaveza je bila več kot samo pogodba. Bila je sredstvo, s katerim sta dve nesorodni osebi ustvarili *družinsko* vez. Postali sta sorojenki, zakonski par ali starš in otrok. Poroka je bila zaveza; posvojitev je bila zaveza.

S svojo zavezo torej Bog ni določil zgolj postave. Ustvarjal je družino. Tako je neizogibna posledica zaveze božje otroštvo.

Predstavljajte si moje veselje, ko sem kot protestant naletel na nauk sv. Jožefmarija. Tu je bil človek, ki je o odrešenju govoril pretežno v smislu družine in domačnosti: Bog kot oče, Cerkev kot družina, Marija kot mati vseh vernikov, človeški rod kot bratje in sestre in vsi krščeni, seveda, kot božji otroci. »Delo našega odrešenja je dopolnjeno, zdaj smo božji otroci, saj je Jezus umrl za nas in njegova smrt nas je rešila. *Empti enim estis pretio magno!* (1 Kor 6,20), ti in jaz sva bila odkupljena za visoko ceno.«[14]

Zame je Opus Dei predstavljal obnovitev krščanske izkušnje, vrnitev k nekdanji enotnosti, ki se je med prepiranjem v nedavni preteklosti nekako izgubila. V protestantskem svetu nisem poznal nikogar, ki bi oznanjal s takšno svežino evangelija kot laiki in duhovniki Opus Dei.

Ko sem bral njegove besede, se mi je zdelo, kot bi bile namenjene meni. »Ali ni res,« je dejal sv. Jožefmarija, »da si sam spoznal potrebo, da bi postal duša molitve, v stiku z Bogom, ki te pobožanstvi? To je krščanska vera in tako so jo vedno razumele duše molitve.« In da bi dokazal, da so jo tako razumeli *vedno*, nadaljuje s citatom sv. Klemena Aleksandrijskega, ki je okoli leta 203 po Kr. zapisal: »Bog postane tisti človek, ki hoče prav tisto, kar hoče Bog.«[15]

3. POGLAVJE
Katoliška delovna etika

To delo – skromno, enolično,
nepomembno – je molitev, prenesena v
dejanja, ki te pripravljajo na prejem milosti
za drugo delo – veličastno raznoliko
in pomembno –, o katerem sanjaš.

—POT, ŠT. 825

Včasih nam oglasi dajo najnatančnejši – in boleč – vpogled
v ljudsko verovanje. V reviji sem nekoč opazil oglas, ki je na-
znanjal: »Če bi bil izvirni greh lenoba, bi bili še vedno v raju.«

Pisec se je seveda samo šalil. Toda zavedal se je, da je trkal
na nekaj pomembnega: na splošno mišljenje, da bi bil v ide-
alnem življenju prosti čas neomejen in da se dela za dopust,
podobno kot je življenje za to, da pridemo v nebesa. Ali z be-
sedami priljubljene skladbe, ki govori o tem, kako vsi čakajo
na konec tedna: *Everybody's working for the weekend.*

Druga stran takšnega stališča je precej zahrbtna in povzro-
ča, da veliko ljudi mukoma opravlja svoje delo v zmoti. Gre
za prepričanje, da je delo kazen za greh. Zagovorniki te teo-
rije se po navadi sklicujejo na božjo obsodbo Adama: »Naj bo
zaradi tebe prekleta zemlja; s trudom boš jedel od nje vse dni
svojega življenja. Trnje in osat ti bo rodila in jedel boš poljsko
rastlinje. V potu svojega obraza boš jedel kruh, dokler se ne
povrneš v zemljo« (1 Mz 3,17-19).

Zdi se, da odlomek za dolgoročne pogoje človekovega dela res ne prikazuje svetle prihodnosti. Poleg tega slikovito opisuje naporno delo kot kazen za greh. Toda kazen ni delo samo, temveč težke razmere, zaradi katerih je to dolgotrajno, neugodno in naporno.

Delo samo je bilo eno od prvotnih božjih blagoslovov. Sv. Jožefmarija je z navdušenjem izpostavil, da je človek »od začetka svojega stvarjenja moral delati. Dovolj je, da odpremo prve strani Svetega pisma in preberemo: še preden je greh vstopil v človeštvo, kot posledica te žalitve pa tudi smrt, trpljenje in beda, je Bog izoblikoval Adama iz zemeljske prsti ter zanj in za njegove potomce ustvaril ta tako lepi svet, *ut operaretur et custodiret illum*, da bi ga obdeloval in varoval.«[16]

Bog je Adama ustvaril, saj »ni še bilo človeka, da bi polje obdeloval« (1 Mz 2,5). Bila je priložnost za delo, opis delovnega mesta in delo, ki naj bi bilo opravljeno. Bog sam je za prosto mesto ustvaril popolnega kandidata. Ne pozabite, da se je vse to dogajalo v času, ko svet ni poznal ne greha ne nesreče. Bog je moža in ženo ustvaril za delo, tako da brez tega nista mogla – kot tudi mi ne moremo – najti notranje izpolnitve.

Toda bolj kot to, da je ustvaril moža in ženo zaradi dela, je ustvaril delo zavoljo moža in žene – saj lahko samo z delom postaneta resnično Bogu podobna. Ne gre za to, da bi si milost pobožanstvenja z delom zaslužila, saj je milost dar, ki se ga ne da zaslužiti. Še več, delo samo je dar, ki možu in ženi omogoča, da postajata kot Bog.

Geneza celo Boga opisuje *pri delu*, ko ustvarja svet: »Sedmi dan je Bog dokončal delo, ki ga je naredil, in počival je sedmi dan od vsega dela, ki ga je storil« (1 Mz 2,2). Delo je torej božje, nekaj, kar opravlja Bog sam. Zato je božja dejavnost za tiste, ki so ustvarjeni po božji podobi in podobnosti. Ko človek dela, posnema svojega stvarnika; z njim si deli življenje. Ustvaril je namreč zemljo iz nič, a želel, da bi jo ustvarjeno bitje obdelovalo in ohranjalo. Želel je, da bi njegovi zemeljski otroci ohranjali družinsko imetje in zaživeli popolno po podobi njihovega nebeškega očeta. Želel je, da bi bilo delo skupno opravljanje stvarjenja – soustvarjanje Očeta in njegovih dedičev.

Splošni pogoji

Bog je dal delo človeštvu, ko je Adamu dal življenje, v času neokrnjene nedolžnosti. V Genezi se zgodba razkriva kar se da ekonomično, vsaka beseda šteje. Zato je potrebno, da si vzamemo čas, da preučimo pogoje dela, ki nam ga je dal Bog.

Naročilo Boga, naj Adam edenski vrt »obdeluje« in »varuje«, vsebuje dve hebrejski besedi, *'abodah* in *shamar*. Obe sta vsebinsko bogati in zmožni dvojnih pomenov. Pojavita se tudi na drugih mestih v Svetem pismu – in ko se, vedno opisujeta duhovniška opravila levitov, pripadnikov starodavnega duhovniškega rodu Izraelcev (glej 4 Mz 3,7-8; 8,26; 18,5-6). Glagol *'abodah*, ki se pogosto prevaja z »opravljati«, ima v hebrejščini dva pomena: označuje lahko bodisi ročno delo ali duhovniško službo (pri bogočastju), lahko pa kaže na oba pomena. Beseda *shamar* pomeni »varovati« ali »ohranjati«. Navezuje se na zaščito svetega kraja, šotora, ki so ga leviti varovali pred oskrunitvijo.

Veliko raziskovalcev Svetega pisma verjame, da je pisec Geneze vse to nameraval sporočiti v zgodbi Adamovega stvarjenja. Bog je ustvaril Adama za delo kot duhovnika v vesoljnem templju. Ni šlo za dve ločeni stvari. Sprva je Adam živel v enotnosti življenja; njegovo delo je bilo usmerjeno k čaščenju in je bilo samo po sebi dejanje čaščenja. Že delitev časa odslikava to usmerjenost. Sam Bog je delal šest dni, da bi posvetil sedmi dan in ga naredil za svetega. Bog je šabatski ritem vpletel v tkanino stvarstva.

Delamo, da bi lahko častili bolje. Častimo med tem, ko delamo. Ko so prvi kristjani iskali besedo, da bi opisali svoje bogoslužje, so izbrali *leitourgia,* besedo, ki lahko podobno kot hebrejska *'abodah* pomeni obredno čaščenje kot tudi »javno delo«, na primer pometanje ulic ali prižiganje uličnih luči. Pomen je jasen tistim, ki poznajo svetopisemske jezike, ne glede na to ali so del katoliške liturgične tradicije ali ne. Britanski protestantski biblicist C. F. D. Moule stvar dobro opisuje takole:

> Toda besede, ki bi jih lahko opisali kot »posvetne«, na primer *leitourgein* (opravljati javno delo), se na presenetljiv način uporabljajo pri bogoslužju in nas opozarjajo, da je za resnično verno osebo glavni cilj in smisel dela čaščenje Boga; in če je čaščenje od dela ločeno, je to rezultat slabosti človeške narave, ki ni zmožna obojega hkrati. Potrebno izmenjevanje med dviganjem svetih rok k molitvi in vihtenjem sekire v močnih in božji slavi predanih rokah je človeški nadomestek za eno, sočasno in sveto življenje,

v katerem je delo čaščenje in čaščenje najplemenitejša možna dejavnost. In beseda »liturgija« v Novi zavezi, tako kot *'abodah,* »delati« ali »opravljati«, v Stari, zajema oboje.[17]

Ponovno lahko vidimo, da je delo zemeljska podoba božjega delovanja, delavec pa podoba (in podobnost) Boga. Ker je Bog večen, je njegovo delovanje preprosto in enovito. In ker mi živimo v času, je naše delovanje razmejeno – ter prepogosto, razpršeno. Toda v življenju z Bogom naša lastna življenja pridobijo preprostost z enotnostjo dela in čaščenja.

A ta preprostost se sodobnim kristjanom, ki molitev in delo postavljajo v dve ločeni, npredušni posodi, pogosto izmika. Sv. Jožefmarija je ljudi pogosto opozarjal o skušnjavi, »da bi živeli nekakšno dvojno življenje: notranje življenje, življenje odnosa z Bogom na eni strani; na drugi pa od tega ločeno in drugačno družinsko, poklicno in družbeno življenje, polno drobnih zemeljskih stvarnosti.« Težke besede je namenil takšnemu odnosu: »Ne, otroci moji! Ne more biti dvojnega življenja […]. Obstaja le eno samo življenje, iz mesa in duha, in to mora biti – na duši in na telesu – sveto in polno Boga. Tega nevidnega Boga srečamo v najbolj vidnih in snovnih stvareh.«

Sv. Jožefmarija je o tej življenjski vključenosti govoril kot o obnovitvi uvodnih prizorov iz Geneze: »Zato vam lahko rečem, da je potreba našega časa, da materialnemu svetu in okoliščinam, ki se zdijo skrajno običajne, vrne njihov prvotni pomen, jih naravna k služenju božjemu kraljestvu.«[18]

Beseda pri delu

Z obnovo je začel seveda Jezus Kristus. Zaradi preprostega razloga, delal je. Njegovi sodobniki so ga poznali kot delavca oziroma rokodelca, kar je v grščini *tekton*. Izročilo pripoveduje, da je bila njegova spretnost tesarstvo. Jezusovi sosedje so se čudili temu, kako lahko navadni delavec preučuje Sveto pismo, raste v modrosti in uči z oblastjo, kot je delal ta človek. »Ali ni to tisti tesar?« so spraševali (Mr 6,3). Na drugem mestu pa omenijo, da je bil »tesarjev sin« (Mt 13,55).

Toda govoril je o svojem *nebeškem* Očetu, ko je rekel: »Moj Oče dela do zdaj in tudi jaz delam« (Jn 5,17). Jezus je bil neprestano na delu in njegovo delo je bilo z njegovim božjim življenjem in čaščenjem eno. Vselej je ustvarjal, odreševal in posvečeval svet ter bil vedno združen s svojim Očetom v ljubezni Svetega Duha. Vsa nevpadljiva zemeljska dejanja njegovega življenja so bila tuzemske uresničitve enega, preprostega in večnega življenja, spokojne, a razgibane nebeške aktivnosti. Tako je bilo *vsako* njegovo dejanje odrešujoče – ne samo njegovo trpljenje in smrt na križu. Ure, ki jih je preživel v delavnici, so imele odrešilno vrednost, učinek zadostitve. Svoje delo je izročil Bogu in vsa ta dela so vodila k odrešenju sveta.

Jezus je kot tesar in nosilec gospodinjstva živel skupno duhovništvo, kakršno je Bog namenil Adamu – in vsem nam na zemlji. V tem, kakor v vsem, nam je vzor. Toda veliko več kot to. Po krstu in svetem obhajilu je z nami združen. Tako ga ne samo posnemamo; v njegovem življenju smo udeleženi. On dela z nami in mi z njim. Izročamo svoje delo kot duhovniško daritev, odrešujočo žrtev za svojo družino, sosede, sodelavce in prijatelje. S Kristusom ustvarjamo svet na novo, z našim trudom in molitvijo.

To ni le zidanje gradov v oblakih, ampak tudi na zemlji – za delavca, ki ga gradi in delo izroča Bogu. Gre za diagram na diapozitivu – ki ga borzni posrednik pripravlja za predstavitev. Za *pi* v enačbi – ko se učiteljica matematike pripravlja na uro pouka.

Vse to, kar je narejeno dobro in izročeno Bogu, pripomore k cilju božjega stvarstva in odrešenju sveta. Resnično deluje.

Kakor v nebesih tako na zemlji

Upravičeno se lahko vprašamo: če je Jezus prvotni namen dela ponovno vzpostavil, zakaj se na našem trudu še vedno poznajo sledovi Adamovega greha? Zakaj mora biti naše delo polno znoja, frustracij, dolgočasja in razočaranj? Zakaj me mora boleti hrbet, ko ob koncu delovnega dne v tovarni za-zvoni zvonec?

Spomniti se moramo, da Jezus svojemu zemeljskemu življenju ni prizanesel s trpljenjem. Njegov trud je bil ravno tako težek, kot je naš. In trpel je nerazumevanje, lažne obtožbe, zavist ostalih učiteljev in – na Kalvariji – očiten poraz.

Res je, kot pravijo tudi evangeličani, da je Jezus odplačal dolg, ki ga ni dolgoval, ker smo mi dolgovali dolg, ki ga nismo mogli odplačati. Toda Kristus ni bil preprosto naš namestnik. Če bi bil, bi se lahko upravičeno še vedno spraševali, zakaj moramo prenašati kazen za Adamove grehe: zakaj mora naše delo še naprej biti naporno? Kristus bi moral kot naš namestnik odstraniti potrebo po naših bolečinah, mar ne?

Nikakor. Kristus ni bil naš namestnik, ampak zastopnik. In ker je bil zastopnik, nas od našega trpljenja ne izvzame, temveč ga oplemeniti z božjo močjo in odrešilno vrednostjo. Sv. Pavel je izjavil: »Zdaj se veselim, ko trpim za vas ter s svoje strani dopolnjujem v svojem mesu, kar primanjkuje Kristusovim bridkostim, in to v prid njegovemu telesu, ki je Cerkev« (Kol 1,24). Česa lahko v njegovem popolnem trpljenju primanjkuje? Samo tistega, česar on želi, da primanjkuje, saj želi, da smo njegovi soodrešeniki, sodelavci.

Jezus trpljenja ni izničil, omogočil pa nam je, da trpimo na isti način kot on. Naše trpljenje je oplemenitil z božjo močjo in odrešilno vrednostjo. In iz tega razloga se je lahko sv. Pavel »veselil« v svojem trpljenju za Kristusa. To je globok svetopisemski vir za sv. Jožefmarija in njegovega duha radostnega mrtvičenja, ki je tako pogosto razumljeno napačno: »Blagoslovljena bodi bolečina,« je zapisal. »Ljubljena bodi bolečina. Posvečena bodi bolečina ... Slavljena bodi bolečina!«[19] Ne pravi nič tako nesmiselnega, češ da bi bila »bolečina dobra«, temveč raje, da lahko po bolečini dosežemo veliko dobrega – še več, Bog lahko goji veliko svetost v naših življenjih. Po bolečini lahko postajamo kot Kristus v njegovem trpljenju.

Naše delo je torej težko, a nič ni boljšega od njegovih ugodnosti, saj prihajajo od Boga. In gre za ugodnosti, ki jih lahko koristimo ne samo za svoje bližnje, temveč za vse ljudi v našem življenju in vse ljudi na svetu, za žive in mrtve, za večni pokoj naših prednikov in za potomce, da bi vztrajali v krščanski veri. Živimo lahko v veselem upanju, da bodo ti ljudje molili in izročali svoje delo tudi za nas. Pravi katalog ugodnosti! Nauk Cerkve ga imenuje »občestvo svetnikov«.

Blagoslovljeni z uspehom?

Kot prezbiterijanski pastor sem bil upravičeno ponosen na to, kar družboslovci imenujejo »protestantska delovna etika«. Sociolog Max Weber je izraz skoval, da bi opisal poseben odnos do dela, ki ga je opazil pri kalvinistih. Delali so trdo, pri tem pa skušali biti kar se da dosledni in strokovni. Niso menili, da bi si s tem zaslužili nebesa, temveč so verjeli, da je vsak človek vnaprej določen za nebesa ali pekel. Tako bi bil lahko zemeljski uspeh znak božje previdnosti, naklonjenosti, izbire, znak posmrtne usode. Weber je imel vsaj delno prav, ko je to etiko označil za gonilno silo kapitalizma.

Toda protestantska delovna etika ni bila krščanska dogma, ampak družbeni fenomen (a resda veličasten). Kar smo videli v Prvi Mojzesovi knjigi, seže veliko globje kot kakršna koli kulturna težnja. Ne gre za delovno etiko, temveč za nekaj polnejšega in močnejšega. Za resnično »teologijo dela«, njegovo metafiziko. Ne gre le za skupni odziv nekaterih vernikov na določen nauk, ampak za resnico, vtkano v tkanino stvarstva.

Še več, to ni odvisno od zemeljskega uspeha. Kot je pogosto dejala sv. Mati Terezija: Gospod nam ne naroča, naj bomo uspešni, ampak le zvesti.

Zvestoba pomeni, da se skušamo vedno potruditi najbolje. Toda ne zagotavlja nam, da bomo zato dobili višjo plačo, bili povišani ali zmagali na volitvah. Še vedno vam jo lahko znižajo, vas premestijo na slabše delovno mesto, še vedno se lahko poškodujete. Kljub temu je teologija dela veliko močnejša spodbuda kot katera koli delovna etika: drzno namreč zatrjuje, da lahko z delom, ki ga opravljamo, pridemo v nebesa – ob tem pa pomagamo številnim drugim dušam – ne, ker bi šlo za naše delo, temveč za božje delo, *opus Dei*. Če nam svet pripisuje uspeh ali poraz, je drugotnega pomena; takšnega uspeha si želimo samo za čaščenje Boga. Ključno je delati z božjimi rokami, s Kristusovo mislijo (1 Kor 2,16). Sv. Terezija Avilska je govorila o sijajnem dostojanstvu, ki ga je Kristus namenil nam kot svojim sodelavcem:

> Kristus nima telesa razen tvojega,
>
> na zemlji nima ne rok ne nog razen tvojih,
>
> tvoje so oči, skozi katere gleda sočutje tega sveta,
>
> tvoje so noge, s katerimi hodi k dobremu,
>
> tvoje so roke, s katerimi blagoslavlja cel svet.[20]

Jezus je bil zvest vse do konca in ravno to je razlog njegovega uspeha. Izpolnil je voljo svojega Očeta in odrešil svet s krvjo, ki je naznanila njegov »poraz«. Še vedno nadaljuje s čudovitim delom odrešenja po svojih bratih in sestrah, v naših zmagah in porazih, po vsem delu, ki ga z njim izročamo Bogu, našemu Očetu.

Odveč je reči, da moramo vedno delati po svojih najboljših močeh, saj ni nič, kar je manj kot najboljše, vredno darovanja na oltarju za Boga. Preberite starozavezne preroke in se naučite, kaj se je zgodilo, ko so se tempeljski duhovniki polenili in iz pohlepnosti začeli Bogu darovati hrome živali, z napako. Najboljše so želeli zadržati zase. Enako lahko storimo mi s svojim časom, svojo pozornostjo in trudom. Takšna sebičnost se je za Izrael izkazala kot slaba, enako slabo pa se lahko izkaže tudi za nas. Če je naše delo čaščenje, naj bo opravljeno dobro!

Še zadnja beseda: Jezus nas je z besedo in zgledom naučil, da delamo dobro. Toda ne, da bi delo ali denar, ki ga zaslužimo s trdim delom, malikovali. Ko je Bog ustvaril svet, je razdelil čas na tak način, da ne bi nikoli pozabili razloga, zakaj delamo. Delal je šest dni, da bi posvetil sedmega. Tudi mi moramo Gospodov dan ohraniti svet. Naših šest dni dela je usmerjenih k enemu dnevu pristnejšega čaščenja.

Bog nas je ustvaril za nedeljo in njegov razumni načrt se na naših telesih in delu razkriva. Človeško si je želeti nedeljskega počitka. Človeško ga je tudi potrebovati. Ameriška vojska je to spoznala na krut način v štiridesetih letih. Da bi dosegli visokoleteče norme, je vlada prosila tovarne streliva, da bi podaljšali delavnik na sedem dni, nepretrgoma. Večina tovarn je privolila. A kar je zanimivo je to, da so zahtevano normo izpolnile samo tovarne, ki so bile ob nedeljah zaprte. Delavci so bili bolj spočiti in tako učinkovitejši. Tudi manj poškodb so utrpeli. Kot je izpostavil Jezus, dan počitka je ustvarjen zaradi človeka (Mr 2,27). Izpolni potrebo telesa, duha in duše. V tem smislu je zanj ustvarjen tudi človek.

Nekaj let po tem, ko sem postal katoličan, in nekaj let po tem, ko sem se pridružil Opus Dei, sem z veseljem obiskal mašo v zahvalo za nedavno beatifikacijo Jožefmarija Escrivája. Z navdušenjem sem ugotovil, da je Cerkev za prvo berilo izbrala odlomek iz Geneze: »Gospod Bog je vzel človeka in ga postavil v edenski vrt, da bi ga obdeloval in varoval« (1 Mz 2,15).

4. POGLAVJE
Delo in Cerkev

Kako sem vesel, da lahko z vso svojo dušo
rečem: ljubim svojo mater sveto Cerkev!

—POT, ŠT. 518

Kadar želijo filmski ustvarjalci ali uredniki časopisov označiti Katoliško cerkev, sežejo po podobi, ki bo nemudoma prepoznavna vsem ljudem: čudovita vitražna okna, ki lomijo bleščeče sončne žarke v eksploziji barv ... fiale gotske cerkve ali kupola kake bazilike ... škof v polnem ornatu, z mitro na glavi in škofovsko palico v roki.

Za mnoge ljudi te podobe predstavljajo poslanstvo, namen in osebnost Cerkve.

Toda Cerkev je v svojih najbolj klasičnih spisih izražala svoje samorazumevanje na zelo drugačne načine: ladja, vinograd, ribiška mreža, mlatilnica, posli posrednikov in vlagateljev – najpogosteje pa gospodinjstvo, družinski dom.

Če pustimo ob strani ljudske predstave, je to zagotovo najtočnejši nabor simbolov. Božje kraljestvo je razširjeno po vsem stvarstvu in na zemlji to kraljestvo imenujemo Cerkev. Vendar pa nobeno zemeljsko kraljestvo ne obsega zgolj palače in tudi božje kraljestvo ni omejeno na cerkvena svetišča.

Ta resnica, je dejal sv. Jožefmarija, je »stara kot evangelij in kot evangelij nova«,[21] vedno nova. Evangelij nam pravi, da je Cerkev božje kraljestvo. Evangelij nam pravi, da je Cerkev Kristusovo telo, sestavljeno iz mnogih udov. In nobeden od teh naukov nam ne dopušča, da bi Cerkev skrčili na njeno obredje in zanjo značilno arhitekturo.

Večina članov Cerkve večji del svojega življenja preživi ne v cerkvi, temveč v službi in doma. To sta kraja, kjer izražajo svojo krščansko vero, kjer uresničujejo svoje krščansko pričevanje, kjer živijo svoje krščansko življenje. Naša istovetnost ne izhaja iz ene ure ali tudi sedmih ur, ki bi jih tedensko preživeli v cerkvi. Prav tako naša verska izkušnja ni omejena na čas, ki ga namenimo pobožnostim. Naše poistovetenje s Kristusom je nekaj stalnega; naše občestvo s Kristusom je tako trajno kakor stanje milosti v naši duši. Vi in jaz smo Cerkev; to je naša identiteta in Cerkev smo ne le takrat, ko se nahajamo *v* cerkvi, ampak vedno in povsod.

Kaj je tako posebnega?

Če je ta ideja preprosto evangeljska resnica, klasično krščanstvo, potem se lahko vprašamo, zakaj je tako pomembna za našo razpravo o posebnem duhu Opus Dei. Odgovor je deloma zato, ker je »običajno delo« v Opus Dei še posebej poudarjeno. Vzemimo analogijo z drugimi duhovnostmi. Vsak kristjan je poklican h kreposti ubóštva, nekatere pa Bog kliče, da se kot posebno pričevanje odrečejo vsakršni lastnini. Podobno Bog hoče, da bi mi vsi bili čisti in neomadeževani, da bi bila spolnost rezervirana za sveto izražanje zakonske ljubezni, vendar nekatere ljudi kliče k življenju v celibatu, da bi se zaradi kraljestva odrekli celo zakonski ljubezni. Kar zadeva svetost pri običajnem delu, je neki teolog dobro povedal: zdi se smiselno, je dejal, da so potrebni »ljudje, ki dajejo zgled in se posvečajo temu poslanstvu«.[22]

Po besedah svetega Jožefmarija »je povsod, kjer se nahaja kristjan, ki se trudi živeti v Jezusovem imenu, prisotna tudi Cerkev«.[23] Ustanovitelj se nikakor ni strinjal s kristjani, ki so trdili, da mora Cerkev »prodreti« v civilne poklice. Prodiranje ni potrebno, je pojasnil, ker je Cerkev že tam – v katoličanih, ki opravljajo svoje delo. V nekem intervjuju je dejal: »Upam, da bo prišel čas, ko se bo besedna zveza 'katoličani prodirajo v družbena okolja' nehala uporabljati in se bodo vsi zavedali, da gre za klerikalen izraz ... Ni [jim] treba 'prodirati' v časne strukture, in sicer zaradi preprostega dejstva, da so navadni državljani, enaki vsem drugim, in so zato tam že prej bili.«[24]

Če parafraziramo strip *Pogo*: kamor koli greš, tam si – in tam je Katoliška cerkev. Noben katoličan za opravljanje svoje dnevne zaposlitve ne potrebuje povelja iz Vatikana. Človeštvo je ukaz dobilo skupaj s svojim DNK v trenutku stvarjenja in ta mandat je bil obnovljen v posnemanja vrednem življenju našega delavnega Mesije in njegovih apostolov. Sv. Pavel je vedel, da je njegova lastna dejavnost izdelovanja šotorov potrjevala vsebino njegovega oznanjevanja in podkrepila njegovo krščansko verodostojnost; svoje poslušalce je pozival, naj mu v tem sledijo in tudi sami opravljajo pošteno delo.

»Delček«

Opus Dei torej ničesar ne šteje za svoje, temveč poudarja nekatere reči, ki so skupna last Cerkve in kristjanov: običajno delo, na primer, in strastno ljubezen do sveta.

Ko so ga leta 1958 – mnogo preden je Opus Dei prejel svojo dokončno institucionalno obliko – vprašali, kako bi opisal Delo, je sv. Jožefmarija preprosto dejal: »Opus Dei je delček Cerkve.«[25]

V mnogih pogledih je Opus Dei *kakor* delna cerkev. Tako je videti na prvi pogled. Ima duhovnike, člane laike in prelata, ki usmerja njegovo duhovno izobraževanje. Vendar pa *ni* cerkev znotraj Cerkve, saj so njegovi člani dolžni izkazovati pokorščino svojemu krajevnemu škofu in papežu enako kot vsi drugi katoliški verniki. Oblast Opus Dei vključuje le osebno duhovno izobraževanje njegovih članov.

Kljub temu pa je podobnost poučna. Teolog Pedro Rodríguez meni, da organizacijska struktura Opus Dei odseva »prvobitno« ali »izvorno« sestavo Cerkve: »Struktura Cerkve [...] je takšna: nositelji službenega duhovništva s posvečanjem svoji službi služijo bratom (*vernikom*), da bi ti z udejanjanjem svojega eksistencialnega duhovništva mogli služiti Bogu in svetu.«[26]

Ta pogled na hierarhijo se navezuje na izvor te besede v času cerkvenih očetov. Nekje v petem stoletju je Dionizij Areopagit skoval grški izraz *hierarchia*, sestavljenko, ki pomeni »sveto vladanje«. Ko so on in poznejši očetje govorili o hierarhiji, niso imeli v mislih oblastnega reda, ampak red služenja. To je veljalo tako v nebesih kot na zemlji. Med angeli so višji zbori imeli odgovornost služiti nižjim. Na zemlji se morajo škofje postaviti v službo duhovnikom, duhovniki pa morajo služiti vernikom. Na vrhu te piramide služenja papež samega sebe označuje kot »služabnika božjih služabnikov«.

Tako tudi ustanovitelj Opus Dei, četudi sam duhovnik, ni poskušal osredotočiti moči okrog duhovnikov. Pravzaprav je hotel, da bi katoliški laiki odkrili svoje lastno dostojanstvo in prevzeli odgovornosti, ki jih prinaša krst. Leta 1932 je zapisal: »Treba je zavrniti predsodek, da navadni verniki ne morejo storiti drugega kot pomagati duhovnikom v cerkvenih apostolskih dejavnostih. Ni razloga, da bi moral apostolat laikov biti vedno zgolj sodelovanje pri apostolatu cerkvene hierarhije: njihova dolžnost je, da opravljajo apostolat. Pa ne zato, ker bi prejeli kanonično poslanstvo, ampak zato, ker so del Cerkve; to poslanstvo ... uresničujejo s svojim strokovnim delom, s službo, v družini, med svojimi sodelavci in prijatelji.«[27]

Klerikalne zmote

Sv. Jožefmarija je svoj pristop hudomušno opisal kot »dobri antiklerikalizem« – za razliko od »slabega antiklerikalizma«, ki je privedel do preganjanja duhovnikov v njegovi rodni Španiji v tridesetih letih 20. stoletja. V Opus Dei je spodbujal tesno sodelovanje duhovnikov in laikov kot enakovrednih *vernikov* Cerkve z različnimi, a dopolnjujočimi se vlogami v duhovniškem božjem ljudstvu.[28] Ta ideja se je zdela revolucionarna v času, ko je duhovščina veljala za cerkveno aristokracijo in vladajoči razred, vendar pravzaprav ni nova zamisel. Prej gre za še eno obnovitev nečesa klasičnega v krščanstvu. Novinar John L. Allen je zapisal: »Pogled na duhovnike in laike, moške in ženske, ki so vsi del ene organske celote, imajo isti poklic ter opravljajo iste apostolske naloge, v katoliški tradiciji ni bil prisoten, oziroma vsaj od konca zgodnjih stoletij je bilo tako.«[29]

Allen ima prav. Seči moramo nazaj, v *zares* zgodnja stoletja. Odločitev cesarja Konstantina iz leta 313 po Kr. o »toleriranju« krščanstva je pomenila konec dolgotrajnega obdobja, v katerem so bili kristjani vedno znova preganjani, ter prinesla številne koristi za Cerkev. Leta 380 je šel cesar Teodozij še korak dlje, ko je razglasil krščanstvo za uradno vero v vsem cesarstvu. Duhovniki, ki so bili nekoč osovraženi in preganjani, so bili zdaj spoštovani in celo povzdigovani. To novo spoštovanje je bilo seveda dobrodošlo in je klerikom pripadalo kot duhovnikom Jezusa Kristusa.

Vendar je imelo povzdigovanje duhovnikov tudi slabo stran. Dejansko je duhovščina postala tako cenjena, da se je laiški stan na drugi strani začel zdeti nepomemben. Zgodovinarji govorijo o postopnem oddaljevanju, do katerega je ob koncu četrtega stoletja prišlo med celibatno elito (sestavljeno iz duhovnikov in menihov) ter njihovimi pasivnimi skupnostmi poročenih laikov. Celo tako ugleden cerkveni mož, kot je sv. Hieronim, se je nekoč pošalil, da zakonsko zvezo odobrava, vendar predvsem zato, ker je to plodna zemlja za bodoči celibat.[30] Zato se ne gre čuditi, da so običajni kristjani začeli izpred oči izgubljati zakramentalnost zakonske zveze ter svojo sveto poklicanost k družinskemu življenju in običajnemu delu. Dvorazredna duhovnost je ustvarila umetno ločitev med duhovščino in laikatom, s tem pa tudi med Cerkvijo in svetom. Razdalja med obema bregovoma se je v teku stoletij le še večala.

Dejansko v času, ko je bil ustanovljen Opus Dei, cerkveno pravo ni dopuščalo nobene institucionalne oblike, v kateri bi bilo mogoče tesno sodelovanje med duhovniki in laiki. Organizacije za duhovnike so bile namenjene duhovnikom, laiška gibanja so bila namenjena laikom, in vse do drugega vatikanskega koncila se to dvoje nikoli ni moglo združiti v celovitem kanoničnem smislu.

Zato je sv. Jožefmarija sprejel vrsto začasnih cerkvenopravnih oblik v prepričanju, da bo Bog nekega dne za Opus Dei v Cerkvi odprl pot, ki bo ustrezala ustanovnim darovom (oziroma *karizmam*) Dela. Pogosto je dejal, da je kaj »dopustil brez popuščanja«. Še leta 1944 je zapisal: »Očitno je, da smo zaradi naše poklicanosti, našega posebnega načina posvečevanja in apostolskega dela nov pastoralni pojav, četudi smo še vedno stari kot evangelij.«[31]

Tako kot pesnik Robert Frost je tudi Opus Dei našel »starodaven način, kako biti nov«. Potreben je bil drugi vatikanski koncil, da bi našli novodobni način za obnovitev zgodnjekrščanske vizije, ki jo je širil sv. Jožefmarija. Leta 1965 je v »Odloku o službi in življenju duhovnikov« (*Presbyterorum ordinis*, št. 10) Cerkev predlagala novo institucionalno obliko, imenovano »osebna prelatura«. Takšna ustanova bi lahko v svoje vrste sprejemala tako duhovnike kot laike, ki bi sodelovali pri uresničevanju posebnih pastoralnih nalog. Beseda *osebna* je tisto, kar takšno ustanovo razlikuje od delnih cerkva. Jurisdikcija osebne prelature se ne nanaša na ozemlje, temveč na določene osebe, kjer koli že se nahajajo.

Leta 1982 je papež Janez Pavel II. postavil Opus Dei za prvo osebno prelaturo v Cerkvi. (V času, ko gre ta knjiga v tisk, je še vedno edina.) V apostolski konstituciji *Ut sit* je papež Janez Pavel Delo opisal kot »apostolski organizem, sestavljen iz duhovnikov in laikov, moških in žensk, ki je hkrati organski in nerazdeljen, to se pravi, da je ustanova, ki je obdarjena z enotnostjo duha, ciljev, vodenja in izobraževanja«.[32]

Teolog Rodríguez je zapisal: »Bogastvo Cerkve [...] pozna številne oblike združevanja in skupnosti, različne načine, kako se kristjani med seboj povezujejo.«[33] In to gotovo drži. Osebna prelatura je nekaj povsem drugega od redovne ustanove, delne cerkve ali laiškega gibanja. Toda vse te oblike prejemajo svoje dostojanstvo od Boga in ohranjajo svoje posebno mesto v njegovi Cerkvi.

Družinske zadeve

Sem teolog, zato me z akademskega vidika v neki meri zanimajo ta vprašanja o institucionalni obliki in ustanovni karizmi. Moram pa priznati, da sem srečal le malo članov Opus Dei, ki bi delili to posebno zanimanje. Za večino članov je življenje v Opus Dei življenje v družini. In tako kot ne potrebujete diplome iz družinskega prava, da bi imeli srečen dom, tudi ni treba biti strokovnjak za kanonsko pravo, da bi živeli svojo poklicanost v Cerkvi.

Rodríguez opisuje Opus Dei kot »družino znotraj velike božje družine *(familia Dei)*, ki je Cerkev«.[34] To je dejansko to, kar sem sam doživel v Opus Dei že pri prvem srečanju. Presenetilo me je, na primer, da nekateri člani, ki živijo v celibatu in jim pravijo *numerariji*, prebivajo skupaj v centrih, kjer vlada domačno vzdušje kot v družinskem domu. Svojega prelata ne kličejo »škof«, temveč »oče«, kajti to je njegova vloga v tej veliki družini. Sv. Jožefmarija je o Opus Dei pogosto govoril kot o »družini in vojski« in to me je vedno spominjalo na Staro zavezo, kjer je božja družina, izraelsko ljudstvo, delovala obenem kot narodna družina in kot vojaška sila. Tisto, kar je oboje združevalo, je bila *zaveza*, božji odlok, ki je povezoval Izraelce med seboj in z Bogom.

Ko sem rasel v svoji krščanski veri, je rasel tudi moj čut, da pripadam *am 'Jahve*, božji družini. Toda v narodni družini starega Izraela je bilo veliko plemen in tudi danes je veliko »plemen« v Cerkvi – bogata raznolikost oblik krščanskega življenja. V starem Izraelu je imelo vsako pleme drugo vlogo znotraj naroda in kraljestva. Življenje Cerkve je dandanes nekoliko drugačno. V zgodnjih dneh svojega katolištva sem Gospoda pogosto spraševal: *Katero pleme je moje?* In gotovo me je kot odgovor na mojo molitev pripeljal ne le v Katoliško cerkev, ampak tudi v Opus Dei. Druge ljudi vodi k drugim družinam znotraj družine, k drugim plemenom v narodu, tja, kamor On hoče.

Vse poti vodijo v Rim

Če si prizadevamo živeti zvesto, če se trudimo za svetost našega dela, potem je Bog z nami, kamor koli gremo. On je z nami vedno, na vseh koncih sveta in vse do konca časov. Cerkvi najbolje služimo tako, da si pri delu prizadevamo za človeško popolnost in to delo darujemo Bogu kot sveto daritev. Imejte to v mislih, kadar koli vidite fotografije grobov prvih kristjanov. Teh ne krasi križ, temveč plug, vinograd, sekira, ladja, na mizi pripravljen obrok – stvari iz običajnega življenja. To niso bila znamenja sekularizma, ampak sekularnosti. Ti simboli so vsemu svetu sporočali, da je prišlo kraljestvo, da vsakršna orodja izvršujejo božje delo in torej tudi delo Cerkve.

Sv. Jožefmarija je živel le zato, da bi služil Cerkvi. Ko je leta 1946 prispel v Rim, je vso noč prečul v molitvi ter v daljavi zrl papeško stanovanje. Niti v mislih si ni mogel predstavljati, da bi ravnal v nasprotju s poslanstvom Cerkve. »Edina ambicija, edina želja Opus Dei in vsakega od njegovih sinov in hčera,« je večkrat dejal, »je služiti Cerkvi, kot Cerkev želi, da ji služimo, znotraj naše posebne nadnaravne poklicanosti.«[35] Šel je celo tako daleč, da je Boga prosil: »Gospod, če Opus Dei ni tukaj zato, da služi Cerkvi, ga uniči!«[36]

Vsi papeži od Pija XII. dalje so v Opus Dei prepoznali duha zvestobe in služenja Cerkvi. Papež Janez XXIII. in Pavel VI. sta sv. Jožefmariju in vernikom Opus Dei zaupala pomembne apostolske naloge. Papež Janez Pavel I. je tik pred svojo izvolitvijo napisal topel in naklonjen članek o ustanovitelju Dela – esej, ki je njegovo mesto v zgodovini najbrž umestil bolje kot katero koli drugo besedilo pred tem. Papež Janez Pavel II. je Opus Dei postavil za prvo osebno prelaturo v Cerkvi. In Benedikt XVI. je že zelo na začetku svojega pontifikata dodal kip sv. Jožefmarija v družbo velikih svetnikov na zidovju bazilike sv. Petra.

Sv. Jožefmarija je ljubil Cerkev in ji služil, Cerkev pa mu je njegovo ljubezen obilno vračala. Ko je ustanovitelj leta 1975 umrl, je več kot tretjina vseh škofov na svetu Vatikan zaprosila, naj začne postopek za njegovo kanonizacijo.

Člani Dela si prizadevajo posnemati sv. Jožefmarija kot dobri otroci matere Cerkve. In Opus Dei Cerkvi najbolje služi tako, da zvesto izpolnjuje svojo ustanovno karizmo – da širi in spodbuja svetost v najbolj običajnih okoliščinah vsakdanjega življenja ter razsvetljuje zemeljske poti z lučjo vere in ljubezni.

Gre za posebno poklicanost v Cerkvi, ki pa je v duhu drugega vatikanskega koncila povezana s *sporočilom* in *poslanstvom* vseh laiških članov Kristusu zvestega ljudstva. Služiti Cerkvi in služiti svetu nista dva nasprotna ali celo ločena cilja. Prvi prelat Opus Dei, škof Álvaro del Portillo, je nekoč zapisal: »Ljubezen do sveta in ljubezen do Cerkve nista bili dve ločeni stvari v srcu in mišljenju ustanovitelja Opus Dei.«[37]

In ravno tako ne bi smeli predstavljati nobenega protislovja v mišljenju in srcih današnjih katoličanov.

5. POGLAVJE
Delo in čaščenje: načrt življenja

> Ko boš imel red, se bo tvoj čas pomnožil.
> Zato boš lahko več naredil v božji
> službi in tako bolj slavil Boga.
>
> —POT, ŠT. 80

Pred nekaj leti, ko so raziskovalci mrzlično določali zaporedje človeškega genoma, si je eden od vodij projekta dovolil vzeti nekaj trenutkov za pogovor z novinarjem. Ker je bil dobitnik Nobelove nagrade, ki jo je prejel relativno mlad, je bil njegov čas izrednega pomena, ne le za kolege sodelavce, temveč tudi za njegovo državo. Vse od odkritja človekovega osnovnega genskega materiala so razvite države tekmovale, da ga dokončno razvozlajo. Mediji so razglabljali o različnih možnostih: izkoreninjenje številnih smrtonosnih bolezni, kloniranje miši in človeka, ustvarjanje novih živalskih in rastlinskih vrst, proizvodnja nadomestnih udov, organov in še največje, čeprav najbolj izmikajoče se pričakovanje tistih dolgih ur v laboratoriju – telesna nesmrtnost. V primerjavi s katerim koli povsem zemeljskim merilom si je težko predstavljati vrednejše materialne cilje, kot so ti.

Nobelov nagrajenec je bil, čisto razumljivo, brez sape, ko je novinarju razlagal o delu svoje ekipe raziskovalcev. »Toliko stvari se odvija tako hitro,« je dejal, »da imamo od nenehnega navdušenja komaj kaj časa za premislek.«[38]

Pozorne bralce bi ob izjavi spreletel mraz. Skupina izvrstnih ljudi je posvečala svoja življenja delu, polnemu posledic in prepletenemu z negotovostmi, a brez časa, da bi posledice pretehtali in negotovosti preudarili.

Ne glede na delo, ki ga opravljamo, naša dejanja imajo posledice in te vplivajo na svet okoli nas. V srednji šoli sem se pri fiziki naučil tretjega Newtonovega zakona: vsako delovanje ima enak in nasprotno usmerjen učinek. Ugotovitev bi morala biti sama po sebi streznjujoča. Še več, fiziki nam razlagajo, kako lahko sprememba v metuljevem letu v Hondurasu vpliva na vreme v New Yorku. Naša dejanja imajo lahko torej tudi v naravnem redu nepričakovano velike posledice. Čeprav tako vi kot jaz verjetno opravljamo nekoliko skromnejše delo v primerjavi s projektom Človeški genom, ga moramo vseeno opravljati tehtno in zbrano. Nameniti bi morali čas premoru in premisleku. Potruditi bi se morali biti kontemplativni.

Odvračanje od odmora

Kakršna koli razprava o delovni etiki bi morala dandanes obravnavati težavo deloholizma. Bog se zaveda te težave. Že ob začetku stvarjenja je določil varovalo proti človekovi težnji, da dela preveč. Sam je na sedmi dan počival. V dekalogu je zapovedal: »Šest dni naj se opravlja delo, sedmi dan pa je sobota, dan počitka, posvečen Gospodu« (2 Mz 31,15). S posvetitvijo sedmega dne je poskrbel, da je delo naravnano k čaščenju in tudi da delo izvira iz čaščenja. Večnost je postala ustaljen predmet kontemplacije, ob katerem je lahko človeštvo ocenjevalo svoje pretekle in prihodnje načrte. Bog je razglasil, da bi morali vedno imeti čas za premor in premislek.

Nasprotno pa smo mi postali ujeti v šesti dan stvarjenja, v katerem ne moremo uzreti življenja in se spodobno spočiti. Podlegli smo materializmu zveri iz Razodetja, zaznamovani s šestim dnem – številom 666 – in nenehnim vračanjem v svet delavnika, kakor lik Billa Murraya v filmu *Svižčev dan*.

Vsako leto pozdravljamo izume številnih novih naprav, ki nam prihranjajo delo. Toda te naprave in njihove najnovejše funkcije lahko delavnik podaljšajo v čas, ki ga preživimo v avtu, in v dragocene ure, ki jih preživimo doma. Tako preusmerjajo naš pogled proč od družine, pokrajine in ceste, ki jo imamo pred seboj.

Če ne upoštevamo zapovedi, da sedmi dan posvetimo Gospodu, če si ne vzamemo časa za počitek in premislek, izgubimo občutek za božjo pričujočnost in zmožnost, da ga častimo. Toda ustvarjeni smo, da bi častili, in nekaj moramo častiti. Tako častimo svoje delo, resnično čaščenje pa dojemamo kot nekaj težaškega, najslabšo obliko dela.

Prijatelji iz Evrope me včasih z navdušenjem spominjajo na barbarstvo ameriške družbe, ker ima število dela prostih dni tako omejeno. Po drugi strani so Evropejci težko na boljšem: čeprav za velike praznike pričakovano ostanejo doma, komaj napolnijo svoje cerkve. Začeli so častiti počitek, kakor Američani častijo delo. To je kakor da bi uživali v svojem poročnem dnevu samo zaradi prijetnega vremena in dobre pojedine.

Če torej ne sledimo božjemu ritmu, ki je vgrajen v stvarstvo – vesoljnemu redu dela in čaščenja –, končamo s popačenim in izpraznjenim življenjem. Neučakano pričakovanje konca tedna in odnos, ki ga spremlja, kar sem že omenil, se je sedaj razširil na celotno življenje. Finančni svetovalci, ki jih poznam, mi govorijo o pogostem pojavu, s katerim se srečujejo: o ljudeh, ki mrzlično delajo za razkošen pokoj, potem pa umrejo, takoj ko prenehajo s službo. Na dolgo nedeljsko popoldne so izgubljeni in nebogljeni kakor ribe, ki jih nenadoma naplavi na kopno.

Delo mora imeti plemenit cilj. Kot cilj pa ne mislim zgolj točke, ki se enkrat konča, čeprav je tudi to potrebno. V mislih imam predvsem plemenit namen, smoter, vreden našega junaškega prizadevanja.

Za kaj takega je primeren samo Bog. Kakor je gotovo, da smo bili ustvarjeni za delo, smo bili navsezadnje ustvarjeni, da bi častili. To je opora človeku v knjigi Geneze. Delo mora voditi k čaščenju in iz njega izhajati. Delo mora biti prežeto s čaščenjem.

»Profesionalitis«

Sv. Jožefmarija je prepoznal to težnjo po delovni preobremenjenosti kot bolezen duha. Še preden je bila beseda »deloholizem« skovana. Svetnik je stanje imenoval *profesionalitis*, s čimer je namignil na izkrivljenost nečesa dobrega. Kot je *apendicitis* boleče vnetje *apendiksa*, torej slepiča, je profesionalitis degradacija prave profesionalnosti. Ljudem je svetoval, naj postavijo »poklicna opravila na svoje mesto: to so izključno sredstva za doseganje cilja; nikdar, na noben način, jih ne moremo jemati kot nekaj bistvenega. Kolikim 'deloho-likom' je onemogočena združitev z Bogom!«[39]

Brez čaščenja postane delo neurejeno. Čaščenje in delo sta osnovni človekovi potrebi. Obe morata biti negovani v ustreznem razmerju.

Nevarnost seveda tiči tudi v prekomerni kompenzaciji. Za počitek od trdega dela deloholiki navadno ne želijo početi nič. Toda oddih v duhu molitve in kontemplacije *gotovo* ne pomeni početi nič. Gre za dejavnost, gre za stremljenje. S tem se *nekaj* počne.

Sv. Jožefmarija je zapisal: »Vedno sem počitek razumel kot umik od dnevnih opravil, nikdar kot dneve brezdelja. Počivati pomeni opomoči se: nabrati moči, ideale, načrte ... Skratka: zamenjati zaposlitev, da bi se potem − z novim zagonom − vrnili k običajnim opravkom.«[40]

Dejavno praznovanje Gospodovega dne je tisto, kar navadnim delavnikom daje smisel. Nedelja pomakne osebno in poklicno izpolnitev v območje možnega.

Vsak dan Gospodov dan

Verniki Dela temu ritmu ne sledijo samo tedensko, ampak ga vnašajo v svoj vsakdan. Sv. Jožefmarija je kristjanom svetoval, naj nedeljo občutijo vsak dan v tednu. Pogosto je govoril o tem, kako od laikov želi, da bi postali »kontemplativni sredi sveta«. Da bi to dosegli, se je treba opreti na eno od uveljavljenih ogrodij katoliške duhovnosti: *načrt življenja.*

Duh Opus Dei najde moč v načrtu običajnih molitev, prilagojenih edinstvenim okoliščinam vsakega posameznika. Navadni laiki lahko določene trenutke vsakdana posvetijo času molitve, ki je različnih vrst. Lahko gre za tih pogovor z Bogom ali premišljevalno molitev, sveto mašo ali liturgično molitev, jutranjo izročitev dejanj, rožni venec, angel Gospodov in druge ustne molitve. Za vernike Dela, tako poročene kot v celibatu, so to *norme*, saj določajo mejnike *normalnega* dne. Temeljni načrt, ki ga je osnoval sv. Jožefmarija, je skozi desetletja doživel le manjše prilagoditve.

Jutranja izročitev dejanj
Premišljevalna molitev
Sveta maša
Angel Gospodov
Rožni venec
Branje evangelija in kakšne duhovne knjige
Kako majhno dejanje pokore
Kratek obisk tabernaklja
Preces (dnevna molitev članov Dela)
Spraševanje vesti
Tri zdrave marije pred spanjem
Znamenje križa z blagoslovljeno vodo

Obstaja še nekaj norm, ki so tedenske, mesečne ali letne, na primer tedenska spoved, mesečna duhovna obnova in letne duhovne vaje.

Ko sem postal katoličan, še nisem bil vajen načrtovano moliti. Kot evangeličan sem se bolje znašel v spontani molitvi, tihi ali ustni. Na katoliško obliko premišljevalne molitve sem se hitro navadil, toda ostale navade so se mi zdele zastrašujoče. In ko sem prvič zagledal običajen urnik norm za vernika Dela, si nisem nikoli mislil, da bi lahko v svoj dan vključil toliko dodatnih »nalog«.

Toda imel sem modrega duhovnega voditelja in spovednika, ki sta me v te dnevne navade vpeljala postopoma. Ko sem se navadil moliti *preces*, na primer, se mi molitev ni zdela več kot »naloga«. Postala mi je kakor hrana ali branje – dejavnosti, ob katerih se nisem nikoli obotavljal! Odkril sem tudi, da je Bog, ko sem bil zvest svojemu načrtu, »pomnožil moj čas« (če si zopet sposodim besede sv. Jožefmarija). Uspel sem preseči svoja pričakovanja in včasih sem bil deležen nepričakovanega olajšanja.

Ko sem se začel držati načrta življenja, je v moje dneve vstopil večji občutek miru. To se je sprva poznalo zlasti v času molitve, sčasoma pa je mir preplavil tudi čas službe in pogovorov z mojo ženo in otroki. Bolj sem se zavedal družbe Boga in to ob vsakem trenutku. Lahko sem počival v njegovi prisotnosti. Sv. Avguštin je nekoč opisal mir kot »urejeno spokojnost«. Tako je bil načrt življenja tisto, kar je dajalo duhovni red mojemu vsakdanu. Moje delo je bilo naravnano k čaščenju – in ne le v obliki mojih iskrenih želja, temveč precej pogosto tudi kot nekaj, česar sem se jasno zavedal.

To je bilo več kot dvajset let nazaj in po vseh teh letih imam včasih še vedno težave, da načrt življenja prilagodim natrpanemu dnevu. A čez leta sem opazil vzorec. Če sem bil zvest svoji odločitvi za molitev, sem imel mir. Če pa sem pustil, da so norme postale mlahave, sem postal nervozen, negotov in raztresen. Pretirano sem se zanašal nase in pozabil, da je moja moč v Bogu.

Načrt je nekaj, kar na začetku zahteva napor, toda olajša preostanek življenja. Sedaj si niti predstavljati ne morem, kako bi živel vrvež svojega delavnika – kot mož, oče in profesor – brez jasnega kažipota, ki ga v dnevu predstavlja načrt življenja. Primerjam ga s tenisom. Povsem možno je igrati nekaj tenisu *podobnega* na kateri koli gladki in trdni podlagi. Toda igra je resničnejša, boljša in zabavnejša z jasno označenim igriščem in mrežo.

Dnevno in zvesto slediti kažipotu je ključno. Sv. Jožefmarija je dejal:»Bolj kot vse drugo moraš braniti svoj dnevni čas molitve – zaupne, velikodušne, neprekinjene molitve – in prizadevati si moraš, da to ne bo kar na vrat na nos, temveč ob določeni uri, če je le mogoče. Ne popuščaj v teh podrobnostih. Bodi suženj tega vsakodnevnega češčenja Boga in zagotavljam ti, da boš čutil nenehno veselje.«[41]

Imam prijatelje, ki nasprotujejo temu pristopu. Menijo, da mora biti molitev, kot ljubezen, spontana. Načrt življenja odklanjajo, češ da iz duhovnosti napravi seznam opravil. Strinjam se, da je spontana molitev čudovita, toda vseživljenjska ljubezen sloni tudi na določenih navadah. Moja Kimberly se nikoli ne naveliča besed, da jo imam rad in da je lepa, ne glede na to, kako pogosto jih izrečem v nekem tednu. Odobrava praznovanje najinega zakona na točno določen dan obletnice poroke. Ni se pritoževala niti, ko sem ji predlagal, da začneva hoditi na zmenke na določen večer vsak teden. Tako v ljubezni kot poeziji ustaljene oblike omogočajo, da je spontanost toliko bolj prisotna in ganljiva.

Tudi v manj vzvišenih zadevah sledimo načrtom – in brez njih bi naša življenja bila nepredstavljiva. Vsako jutro sledim bolj ali manj ustaljenemu urniku osebne higiene in od približno desetega leta naprej tega nisem nikoli dojemal kot breme. (Takrat sem mislil, kot večina majhnih fantov, da bi morala biti higiena manj toga in bolj spontana.) Moj higienski načrt, ki ga niti ne opazim več, me drži pri relativno dobrem zdravju, mojo prisotnost ob sodelavcih in v družini pa napravlja znosnejšo.

Središče in korenina

Najpomembnejše mesto v načrtu življenja Opus Dei zaseda sveta maša. Za sv. Jožefmarija maša ni bila nikoli le maša, temveč vedno sveta maša. Enostavno je videti, zakaj. Evharistično liturgijo je opisal kot »najbolj sveto in presežno dejanje, ki ga po božji milosti ljudje moremo uresničiti v tem življenju«.[42] Mašo je dojemal kot nebesa na zemlji: »Prejem Gospodovega telesa in krvi nam na neki način razveže naše zemeljske in časovne vezi, da bi že sedaj bili z Bogom v nebesih.«[43]

Verniki Dela si prizadevajo iti k maši vsak dan. Maša je kot sonce, okoli katerega se vrti preostanek dneva. Sv. Jožefmarija ni menil, da je preostanek dneva nepomemben, temveč raje, da vse drugo v življenju svojo vrednost črpa iz maše.

Drugi prelat Opus Dei, škof Javier Echevarría, je o tem dejal naslednje: »Prisotnost evharistije v kristjanovem življenju ni omejena na vzvišeni trenutek svete maše. K oltarju lahko prinesemo tudi svoje dnevne naloge ter ves dan pri običajnih opravilih stremimo k nenehni povezanosti z Bogom v evharistiji. Katero koli pošteno delo je lahko sredstvo za duhovno združitev s Kristusovo daritvijo pri sveti maši.«[44]

To je to: naše delo, usmerjeno k čaščenju, povzdignjeno v daritveno dejanje in čaščenje, ki našemu delu naklanja novo življenje. Sv. Jožefmarija je to odlično povzel:»Bojuj se, da bi sveta oltarna daritev postala središče in korenina tvojega notranjega življenja, tako da se bo ves dan spremenil v dejanje bogočastja – v nadaljevanje maše, katere si se udeležil, in v pripravo na naslednjo.«[45]

Na tak način običajni laiki sodelujejo v duhovništvu Jezusa Kristusa. On vodi veliko vesoljno liturgijo in mi smo njegovi somašniki. Na svet gleda kot na hostijo, nad katero mašnik izreka besede posvetitve:»To je moje telo.« Svet izročamo Očetu in Kristusu, vélikemu duhovniku, in svet se preoblikuje. To je rezultat naše nenehne molitve:»Pridi k nam tvoje kraljestvo.« Kraljestvo prihaja po delu naših rok.

Maša daje izjemen pomen vsemu našemu delu, ko ga (po notranjih dejanjih molitve) postavimo na daritveni oltar. To je bistveno sporočilo videnja, ki ga je sv. Jožefmarija imel leta 1928. Drugi vatikanski koncil je sporočilo leta 1964 vtisnil v nauk Cerkve o skupnem duhovništvu laikov. O navadnih kristjanih so koncilski očetje zapisali naslednje:

Vsa njihova dela, molitve in apostolske pobude, zakonsko in družinsko življenje, vsakdanje delo, duševni in telesni počitek, če to izvršujejo v duhu, pa tudi nadloge življenja, če jih prenašajo potrpežljivo, postanejo duhovne daritve, prijetne Bogu in Jezusu Kristusu (prim. 1 Pt 2,5). V obhajanju evharistije laiki vse to hkrati z darovanjem Gospodovega telesa v globoki pobožnosti darujejo Očetu. Tako kot povsod dejavni božji častilci tudi svet sam posvečujejo Bogu.[46]

Tako se naša maša ne konča, ko duhovnik reče: »Pojdite v miru.« Preobrazbo, čudež in obhajilo doživljamo v vsakem dejanju našega dne.

Veliki rabin Abraham Joshua Heschel je dejal, da je šabat v času to, kar je tempelj v prostoru. Načrt življenja vnese duha Gospodovega dne v vsak dan v tednu. To je duh kontemplacije, ki nas napravlja »kontemplativne sredi sveta«. Ker je naš šabat neprekinjen, je naš tempelj povsod – ker je v nebesih in ker so naša srca že sedaj v nebesih.

Zato smo *kontemplativni*. Kdor je kontemplativen, je etimološko gledano oseba, ki se ukvarja z dejavnostmi, povezanimi *s templjem*. In katere dejavnosti se odvijajo v templju? Molitev in darovanje. V antičnem svetu so bila svetišča namenjena pobožnostim, templji pa darovanju.

Naša življenja so danes namenjena ravno temu – molitvi in darovanju. Sliši se kot dober načrt.

6. POGLAVJE

Meriti visoko

Želja: da bi bil dober in da bi bili
vsi ostali boljši od mene.

—POT, ŠT. 284

Nad dostojanstvom, ki ga je Bog dal našemu vsakdanjiku in delu, bi morali biti osupli. Omogočil nam je, da ju lahko izročimo kot sveto daritev. Posvetil nas je v duhovnike, da bi opravljali dnevno daritev – ne glede na to, ali smo v pisarni, ob proizvodni liniji ali pa se sklanjamo nad previjalno mizico. Smo narod duhovnikov, ki »prebiva v Gospodovi hiši«, v templju, »vse dni svojega življenja« (glej Ps 27,4).

Vsa svetopisemska navodila, zakone in premišljevanja o daritvi bi morali uzreti v novi luči, saj je njihov pomen za nas ključen. Bog je namreč sadove človekovega dela sprejemal kot daritev že na samem začetku Geneze. Pokazal je veliko skrb za to, kako so njegovi duhovniki pripravljali daritve. Pomislite, na primer, na zgodbo o Kajnu in Abelu. Zakaj je Abelova daritev Bogu ugajala, Kajnova pa ne? Pomislite tudi na zakone iz naslednjih Mojzesovih knjig: Eksodusa, Levitika in Devteronomija. »Postavo« starodavnega Izraela navadno razumemo kot deset božjih zapovedi, toda dekalog zavzema manj kot eno poglavje, medtem ko pretežni del svetopisemske zakonodaje predstavljajo predpisi za darovanje.

Vprašanje, zakaj je Bog toliko pozornosti posvečal kakovosti Izraelovih daritev, je na mestu. Navsezadnje je sam izpostavil, da jih on ne potrebuje.

Ljubezen in daritev

Bog je predpisal daritev ne zaradi sebe, temveč zaradi nas. Daritveni zakoni so sredstvo za njegov veličastni cilj. Vzgajajo člane njegovega ljudstva, da postanejo osredotočeni na čaščenje in hvaležnost, kesanje za greh, potrebo po čistosti in izročitvi vsega, da bi se oklenili Boga. Daritev je izraz ljubezni in njen predpogoj. To drži tudi za človeško ljubezen: tudi danes si moški in ženska ob poroki obljubita izključujočo ljubezen in se odrečeta možnosti ljubezenskih razmerij z drugimi. Izmenjata si prstana, narejena iz dragocenih kovin, včasih celo draguljev. Darujeta vse, kar imata, in vse, kar sta. Najvrednejši minerali, kar jih zemlja lahko ponudi, simbolizirajo ravno to.

Gospodova postava je njegovemu ljudstvu omogočila, da vzpostavi in ohranja ljubeče razmerje s svojim stvarnikom in rešiteljem. Obredni zakon je zahteval, da ljudje k daritvi prinesejo prve sadove svojih polj in nasadov, prvorojence čred in tropov ter najboljše vino svojih vinogradov. Prepovedano jim je bilo izbrati manj vredne daritve, na primer ovce, koze ali bike, ki so bili pohabljeni oziroma so imeli hibe (glej npr. 3 Mz 22,20-24).

Spomniti se moramo, ponovno, da je dal Bog te zakone za naše dobro. Če je zahteval Izraelovo najboljšo živino, je bilo to za dobro ljudstva, ne zaradi sebe. Človeštvo, vsaka družina in vsako človeško bitje, je namreč moralo in mora Bogu izročiti le najboljše. On se ne zadovolji z drugim mestom. In ponovno: ne, ker bi naše daritve potreboval ali užival ob pogledu na prikrajšanost svojih otrok. Temveč zaradi želje po naši ljubezni, ki mu jo dajemo svobodno in v celoti.

Te lekcije se naučimo tako iz postave kot tudi iz prerokov. Prerok Malahija je grajal duhovnike svojega časa, ki so ob cvetočem gospodarstvu Bogu darovali ostanke, najboljše pa prihranili zase. Po Malahiji jih je Bog okaral, ker so mislili, da je Gospodova miza »malo pomembna« (Mal 1,7). Te besede morda niso lahke, so pa resnične. Kdor vztrajno trdi, da ljubi svojo ženo, medtem ko z dragimi darili obsipava drugo osebo, ne ljubi svoje žene zares.

Po Malahiji Bog vprašuje duhovnike jeruzalemskega templja: »Ko prinesete za daritev, kar je slepo, ni to nič hudega? In ko prinesete, kar je kruljavo in bolno, ni to nič hudega? Prinesi to svojemu deželnemu oblastniku! Misliš, da mu bo ugajalo in da se bo ozrl nate?« (Mal 1,8-9).

Opozori jih, da Bogu darujejo pomilovanja vredno daritev, ki se je ne bi nikoli drznili izročiti perzijskemu vladarju. Bog vse vidi in vse ve, je vsemogočen; za razliko od perzijskega gospodarja ne more biti prelisičen. Kaj nam to sporoča o veri Izraelovih duhovnikov? O njihovi spoštljivosti in strahospoštovanju v navzočnosti Gospoda?

Kar ljudje darujejo Bogu, je simbolično. Toda ne samo to. Pomembno je, katere simbole izberemo in kaj darujemo. Kar šteje, je namen, toda dar mora biti izraz namena, ki je kar se da jasen in čist. Če je duhovnik Bogu daroval žrtev, ki je bila slabša od najboljše, si je zaslužil graje, kolikor jo je Malahija (ob božjem navdihu) premogel.

Sporočilo za nas bi moralo biti očitno. Ko svoje delo dnevno izročamo Bogu, izvršujemo duhovništvo. Izročati bi mu morali samo najboljše, kar imamo, in rasti v želji, da bi mu izročali vedno nekaj večjega, čistejšega in bolj dovršenega. K temu bi morali stremeti v vsem svojem delovanju.

Stremeti kot svetnik

To je motor za tisto, kar je sv. Jožefmarija imenoval »sveta ambicija«. In ta se preprosto razlikuje od tistih manj plemenitih različic. Z njeno pomočjo služimo Bogu in drugim. Z zemeljsko ambicijo služimo le sebi. Sv. Jožefmarija je to dobro strnil: »'Ambicioznež' – človek majhnih bednih osebnih ambicij – ne razume, da božji prijatelji iščejo 'nekaj' zaradi služenja in brez 'ambicije'.«[47]

Nikoli ne smemo zamešati krščanske ponižnosti in skromnosti s prehitro zadovoljitvijo. Jezus je jasno naročil, da svojih svetilk ne postavljajmo pod mernik. Rekel nam je, da smo mesto, ki stoji na gori. A najprej moramo s trudom, poštenim delom in pomočjo božje milosti goro zavzeti.

Cerkev v tem posnema svojega Učitelja. Drugi vatikanski koncil katoličane spodbuja, »naj s človeško dejavnostjo izpolnjujejo sami sebe«.[48] Boljši kot bomo, bolj bomo lahko pomagali in več ljudem. Laiki naj »prispevajo k napredku in boljšemu stanju celotne družbe ter vsega stvarstva. Posnemajo pa naj v dejavni ljubezni tudi Kristusa, ki je opravljal ročna dela in ki z Očetom vedno dela za zveličanje vseh. V veselem upanju naj prenašajo bremena drug drugega in se prav s svojim vsakdanjim delom dvigajo k višji, tudi apostolski svetosti.«[49]

To je poziv katoličanom, naj v poklicnem delu merijo visoko. Hkrati pa jasen znak, da sta želja po poklicni uspešnosti in krščanski poklic k svetosti združljiva – no, vsaj lahko sta. V nekem drugem koncilskem dokumentu je povezava še močnejša. Zasluži si, da jo pripišemo v celoti:

> Za verujoče je tale stvar trdna: posamična in skupna človeška dejavnost, to je tisto orjaško prizadevanje, s katerim skušajo ljudje v teku stoletij izboljšati svoje življenjske razmere, se ujema z božjim načrtom.
> Po božji podobi ustvarjeni človek je namreč dobil naročilo, naj si podvrže zemljo z vsem, kar spada k njej, in naj vlada svet v pravičnosti in svetosti; in, priznavajoč Boga za stvarnika vseh stvari, naj naravnava nanj sam sebe in celotno vesoljstvo, tako da bo ob podvrženosti vseh stvari človeku božje ime čudovito po vsej zemlji.
> To velja tudi za čisto vsakdanja opravila. Kajti moški in ženske, ki pri skrbi za preživljanje samih sebe in družine svoje delo tako izvršujejo, da na primeren način služijo družbi, morejo po pravici biti prepričani, da s svojimi napori dalje razvijajo Stvarnikovo delo, koristijo blagru svojih bratov in z osebnostno delavnostjo prispevajo k uresničenju božjega načrta v zgodovini.
> Kristjani zato niti od daleč ne mislijo, kakor da stvaritve človeške bistrosti in moči nasprotujejo božji mogočnosti in kakor da bi z umom obdarjena stvar bila nekakšen tekmec v odnosu do Stvarnika.

Nasprotno, prepričani so, da so zmage človeškega rodu znamenje božje veličine in sad neizrekljivega božjega načrta. A čim bolj raste moč ljudi, tem bolj se razširja področje njihove odgovornosti, tako posameznikov kakor tudi skupnosti. Iz tega vidimo, da krščansko oznanilo nikakor ne odvrača ljudi od graditve sveta, nikakor jih ne žene v zanemarjanje blaginje bližnjega, temveč jih na dolžnosti v tej smeri še tesneje priklepa.[50]

Storilnost, talent, energija, odgovornost, zmaga – to je jezik ambicij in dosežkov. To je jezik, ki bi ga morali božji otroci tekoče govoriti, njihov govor pa bi moral odražati njihovo vsakodnevno življenje.

Vidi na skrivnem

Sv. Jožefmarija presenetljivo ne govori o tej ambiciji v smislu velikih načrtov, temveč majhnih stvari. Zapisal je:»Zavračaj hlepenje po časteh; raje usmeri pogled na orodja, na dolžnosti in na učinkovitost. Tako ne boš hrepenel po položajih, če pa ti bodo dani, jih boš jemal kot to, kar so: zadolžitve v služenju dušam.«[51]

Dolgoročni cilji nas ne smejo odvrniti od pozornosti do na videz vsakdanjih in nepomembnih nalog, ki bi se jim v resnici morali posvetiti. V majhnih opravilih, pri katerih so drugi odvisni od nas, da jih končamo, odkrivamo božjo voljo. Odkrijemo jo lahko tudi – morda še posebej – v majhnih stvareh, ki jih nihče ne opazi. Te so le za božje oči in vzdignejo se lahko v čisto daritev, ko so opravljene dobro, točno in izročene Bogu.

Koristi so tudi v naravnem redu. Če namreč majhne stvari opravimo nemudoma in skrbno, brez odlašanja in pozorno, bomo odkrili, da se pomikamo naprej v smeri naših poklicnih ciljev, tudi ob izpolnjevanju zahtev ljubezni in pravičnosti. Zares, smešno je misliti, da lahko dosežemo velike cilje, če popuščamo pri malenkostih. V nekem pismu sv. Jožefmarija odgovarja:»Praviš mi: ko se bo pokazala priložnost, da naredim nekaj velikega … potem! – Potem? Mar misliš, da ti bom verjel, in ti sam verjameš, da lahko zmagaš na nadnaravnih olimpijskih igrah, ne da bi se nanje pripravljal in treniral vsak dan?«[52]

Posebna pozornost majhnim stvarem je tako osnovna človeška vrlina, da je skoraj ni treba omenjati. Ali lahko kdo v sodobnem času še boljše izrazi poduk Benjamina Franklina? »Ker se je izgubil žebelj, je bila izgubljena podkev. Ker je bila izgubljena podkev, je bil izgubljen konj. Ker je bil izgubljen konj, je bil izgubljen jezdec, saj ga je zalotil in pobil sovražnik; vse zaradi izgubljenega žeblja.«[53] Vsi vemo, da ima lahko neizpolnjevanje majhnih dolžnosti nepričakovane in uničujoče posledice.

Katoliški pristop po drugi strani nudi veliko več. Res da začrta razliko med opravljanjem človeškega in božjega dela, toda to premišljevanja Bena Franklina, ki je povsem praktično naravnano, ne izpodriva. Pogost stavek v katoliški teologiji je, da milost ne uničuje, kar je Bog ustvaril v naravi, temveč na tem zida, to dokonča in povzdigne. Običajen vernik bi tako moral kar se da izkoristiti tiste najbolj vsakdanje dogodke – prehitevanje vozil na avtocesti, ličkanje koruze, odgovarjanje na e-pošto. Če jih v človeškem smislu opravlja dobro in izroča Bogu, jih bo ta po svoji sveti volji povzdignil k popolnosti. »Vse, kar je človeško, boste lahko spreminjali v božansko,« je zapisal sv. Jožefmarija, »kakor kralj Midas, ki je spreminjal v zlato vse, česar se je dotaknil!«[54]

Zavihati rokave

Malenkosti, ki jih opravljamo, so gradniki velikih reči, načrtovanih od Boga za naše življenje, zgodovino in odvijanje vesolja.

Malenkosti so za nas zares pomembe zato, ker so pomembne Bogu. To je preprosto sporočilo Jezusove prilike o talentih (Mt 25,14-31) – prilike o ambiciji. V njej Jezus dvakrat prikazuje gospodarja (ki ponazarja Boga), ki pravi: »Prav, dobri in zvesti služabnik! V malem si bil zvest, čez veliko te bom postavil. Vstopi v veselje svojega gospodarja!«

Malenkosti so tiste, ki štejejo, celo za Boga. V naši pozornosti do majhnih stvari ga namreč najbolj posnemamo. Naš Bog je gospodar vesolja, čigar um in moč sta razvidna tako iz oblikovanja Himalaje kot iz gibanja subatomskih delcev. In gorskih verig ne premika, ne da bi pri tem premaknil precej elektronov!

Zato najbolj običajne stvari skrivajo nekaj veličastnega. Sv. Jožefmarija je to videl in le malo potrpežljivosti je imel s tako imenovanimi svetniki, ki so na običajno življenje zasanjano gledali kot na oviro na poti do resnične veličine. Takšen odnos je imenoval *mistika »ko bi le«*. Ne smemo posedati in tožiti: »Ko se le ne bi poročil, ko le ne bi imel tega poklica, ko bi le bil bolj zdrav, ko bi le bil mlajši, ko bi le bil starejši!« Nasprotno nam sv. Jožefmarija naroča: »Raje se trezno oprimite najbolj materialne in neposredne stvarnosti«[55] – naj se torej spravimo k delu.

Najmanjša opravila lahko prevzamejo *neskončno* vrednost, ko jih izročamo Bogu, ko jih izvršujemo kot božja dejanja. Sveta ambicija stremi k veličini celo v majhnih rečeh, vendar je zadovoljna z zemeljskimi rezultati, ki jih Bog želi oziroma dovoli.

Tako lahko živimo s sveto ambicijo, tudi ko so naše poklicne možnosti majhne. S sveto ambicijo ni bojazni, razočaranja in nezadovoljstva, ki se drži moških in žensk, ki se skušajo povzpeti na vodilne položaje v podjetju ali po družbeni lestvici. Sveta ambicija si želi velikih reči, a zadovolji se s tistim, kar želi Bog. Sv. Jožefmarija nas spodbuja: »Ne izgúbi tiste svete ambicije, da cel svet privedeš k Bogu, in spomni se, da si tudi ti na vrsti, da ubogaš in se ukvarjaš s tistim skritim, nič kaj sijajnim opravilom, dokler ti Gospod ne naroči česa drugega: On ima svoj čas in svoja pota.«[56]

Elita za vsakogar

Sveta ambicija je nekaj, kar lahko prakticiramo ne glede na naš položaj ali delo. Ko sem prvič odkril Opus Dei, se mi je to sporočilo zdelo izjemno privlačno. Takrat so nekateri kritiki organizacijo obtoževali elitizma in ekskluzivnosti. Vse skupaj me je precej zabavalo, saj so imeli prijatelji iz Opus Dei vedno čas zame – bil pa sem nekdanji pastor z negotovo zaposlitvijo in nejasno smerjo v karieri. Še zdaleč nisem bil oseba, ki bi jo lahko šteli med elitneže. Nekega dne sem se lotil zapisovanja svojih dolgoročnih ciljev. Najpomembnejša med njimi je bila iskrena želja, da bi v župniji izvedel tečaj za odrasle. To ni nekaj, kar bi kulturna elita označila za ambiciozno. Poleg tega pa nisem bil niti katoličan, zato je bila obtožba o izključevalnosti še bolj smešna.

Približno v tistem času je moj dober prijatelj John Haas, prav tako nekdanji pastor, ki je delal na bolj elitnem področju, mednarodnem bančništvu, prepotoval pol sveta, da bi spoznal sveto ambicijo Opus Dei na delu. A našel jo je na presenetljivem mestu. Navdušeno se spominja srečanja s taksistom iz Gvatemale po imenu Gustavo, ki je svojo starino vozil hitro, a varno, in ki je ovinke in vogale zvozil z neverjetno natančnostjo, potnike pa vedno in povsod pripeljal pravočasno, ne glede na njihovo oddaljenost. John se je čudil veščinam ubogega moža in njegovi skrbnosti. Enako je bil navdušen nad moževo ljubeznijo do žene in otrok, ki so se pogosto pojavili kot prijetna tema pogovora. Na neki točki ga je John vprašal, od kod mu takšna ljubezen. Gustavo je »spustil senčnik svoje kripe in izvlekel molitveno podobico svetega Jožefmarija«.[57]

Delovna ambicija, a hkrati sveta, ki svoje rezultate prepušča Bogu. »Si videl, kako so zgradili tisto veličastno zgradbo? Opeko za opeko. Tisoč opek. Vendar eno za drugo. Potem vreče cementa, drugo za drugo. In klesani kamni, ki tako malo pomenijo v primerjavi s celoto. In kosi železa. In delavci, ki dan za dnem delajo ob istih urah ... Si videl, kako so zgradili tisto veličastno zgradbo? – Preko drobnih stvari.«[58]

To ni elitizem – čeprav sem prepričan, da mnogi, mnogi ljudje, ki gledajo na življenje na tak način, uspejo priti zelo daleč v svojem profesionalnem življenju. Ljudje, ki delajo iz ljubezni, so visoko motivirani delavci. In ko je njihova temeljna motivacija ljubezen do Boga, njihova dela postanejo tako velika, da lahko spreminjajo tok svetovnih dogodkov. Učbeniki za zgodovino na številnih mestih pričujejo o tem. Še več, duhovnost, ki upošteva človeško ambicijo bo nadvse privlačna kristjanom, ki so po naravi ambiciozni. Nadnaravni smisel njihove zagnanosti jih žene naprej in jim pomaga, da jo uravnavajo na zdrav način.

Kot večina stvari, ki jih najdemo v duhovnosti Opus Dei, je to čisti katolicizem, četudi z edinstvenim poudarkom svetega Jožefmarija. Vatikanski *Kompendij družbenega nauka Cerkve* uči, da »naj vsakdo zakonito uporablja svoje talente, da bi prispeval k izobilju, ki je koristno za vse, in bi prejel pravične sadove svojih naporov«.[59] Če v to resnično verjamemo, ne bomo omahovali pri vprašanju za povišico ali napredovanje, ko si ju zaslužimo.

Poleg tega na povišanje plače ali napredovanje ne smemo gledati kot le na naše pravično pridobljene nagrade, temveč kot nagrade, ki prihajajo od Boga. Premislimo še o enem odlomku iz *Kompendija:* »Prek dela človek z Bogom upravlja s svetom, z Njim mu gospoduje in počne nekaj dobrega zase in za druge.«[60] Z besedo »človek« sva v tem besedilu mišljena ti in jaz – vsak krščanski moški, ženska in otrok. Skupaj »z Bogom« gospodujemo tam, kjer se nahajamo, in zaradi Boga in njegovega kraljestva bi si morali vedno želeti biti boljši.

Od sončnega vzhoda do zahoda

V duhu Dela sveta ambicija ni samopoveličevanje, ni zelena luč za stremuhe. Raje je zavedanje, da bomo sojeni po tem, kako izkoristimo čas in talente, ki nam jih je naklonil Bog. Gre za zavedanje, da je naše delo, kolikor majhno in ponižno, preoblikovano, ko ga postavimo na oltar Bogu.

Naše vsakdanje delo je morda videti le kot ena malenkost za drugo, a enako sta tudi kruh in vino, ki ju duhovnik posveti pri vsaki maši. Med evharistično molitvijo – po grško *anaforo* – postaneta telo, kri, duša in božanskost Jezusa Kristusa. Podobno so naša dela preoblikovana po naši duhovniški daritvi, našem »Midasovem dotiku«, v nekaj božanskega.

Pomislite zopet na besede preroka Malahije, ko je jeruzalemske duhovnike opominjal, naj prečistijo svoje daritve. Danes so te besede namenjene nam. Bog želi, da darujemo delo, opravljeno po najboljših močeh. Zakaj bi darovali delo, ki je opravljeno na pol ali okrnjeno, če nam je Bog dal darove, da ga zmoremo opraviti bolje?

Malahijevo prigovarjanje je samo uvod v svetopisemsko prerokbo, ki so jo cerkveni očetje – veliko bolj kot katero koli drugo – povezali s sveto mašo. »Kajti od sončnega vzhoda do njegovega zahoda je veliko moje ime med narodi in na vseh krajih se bo mojemu imenu zažigalo kadilo in se bo darovala čista daritev, kajti veliko je moje ime med narodi, govori Gospod nad vojskami« (Mal 1,11). Danes ta prerokba odmeva v tretji evharistični molitvi latinskega obreda: »V vseh časih zbiraš svoje ljudstvo, da od sončnega vzhoda do zahoda tvojemu imenu daruje čisto daritev.«

Črta na zemljevidu, ki gre od vzhoda do zahoda, jutra in večera, se zariše po sredini naših običajnih življenj, kjer koli že smo. Kjer koli že smo, to je kraj, na katerem smo poklicani darovati čisto daritev, popolno daritev. Zakaj žrtev našega poklicnega in družinskega življenja je z žrtvijo svete maše eno.

Ljudje so o Jezusu pravili, da »vse prav dela« (Mr 7,37). Tu je moje upanje, molitev in moja sveta ambicija: da bi nekega dne lahko o meni pravili enako, kot tudi o vas in vsakem izmed nas, ki po krstu nosimo božje ime. Da bi to ime poveličevali s svojimi življenji.

7. POGLAVJE

Prijateljstvo in zaupnost

Tiste besede, ki si jih omahujočemu
prijatelju pravočasno prišepnil na uho; tisti
pogovor, ki usmerja in si ga znal izzvati v
primernem trenutku; ter strokovni nasvet,
ki je izboljšal njegovo delo na univerzi;
obzirna brezobzirnost, s katero mu
odpiraš neslutena obzorja gorečnosti ...
Vse to je »apostolat zaupnosti«.

—POT, ŠT. 973

Širiti ljubezen Jezusa Kristusa je dolžnost vseh kristjanov.
Ne moremo obdržati naše vere, če je ne delimo naprej. Vsi si
delimo odgovornost Cerkve za evangelizacijo. V tehničnem
izrazju nauka Cerkve gre za vsesplošni klic k *apostolatu*. Ve-
lika Jezusova naloga, ki jo je dal apostolom, velja za vse nas
kristjane: »Pojdite torej in naredite vse narode za moje učen-
ce: krščujte jih v ime Očeta in Sina in Svetega Duha in učite
jih izpolnjevati vse, kar koli sem vam zapovedal! In glejte: jaz
sem z vami vse dni do konca sveta« (Mt 28,19-20).

Laiki moramo nositi večino bremena Jezusovega naročila.
Smo navsezadnje katoličani, ki nas delo in selitve popelje-
jo do vseh narodov. Naša posebna dolžnost je posvečeva-
nje sveta, dolžnost, ki so jo prvi kristjani radostno in precej

uspešno izpolnili. Ravno pri njih je sv. Jožefmarija iskal navdiha in nasvetov.[61] Živeli so namreč v sovražnem in sprijenem okolju v času intenzivnih preganjanj kristjanov. Cerkev ni imela ničesar v lasti in javno se ni udejstvovala. Vseeno pa so kristjani uspeli spreobrniti Rimski imperij. V treh stoletjih preganjanja je Cerkev redno rastla za 40 odstotkov na desetletje![62]

Katoliška cerkev je v teh letih imela veliko svetih in junaških papežev. Veliko teh je umrlo mučeniške smrti in večina jih je bilo razglašenih za svetnike. Ne smemo podcenjevati pomena njihovega pričevanja in milosti, ki so nam jo pridobili s prelivanjem svoje krvi. A hkrati se moramo zavedati, da glede na takratno nerazvitost komunikacijskih sredstev veliko kristjanov morda sploh ni poznalo imena papeža v danem trenutku. Novica o papeževi smrti ali nasledniku je verjetno potrebovala mesece, preden je dosegla dele odročnega podeželja provinc. Medtem so običajni kristjani nadaljevali s svojimi življenji, z delom na polju, trgovanjem blaga in vzgajanjem družin. Po vseh teh dejavnostih so pričevali za katoliško vero in zanjo navduševali svoje sosede.

Širili so evangelij. A na način, ki se precej razlikuje od naših sodobnih stereotipov krščanskega vedenja. Niso ustavljali ljudi in jim citirali Svetega pisma, čeprav so božjo besedo ljubili. Nejevoljnih prijateljev niso vlekli k obredom; maša je bila v tistih časih zasebna stvar in se je darovala po domovih, odprta samo za povabljene.

Duša sveta

Prvi kristjani so uspeli tihoma, s posvečevanjem sveta od znotraj kot kvas v testu. *Pismo Diognetu* iz drugega stoletja to krasno opisuje: »Kar je v telesu duša, to so v svetu kristjani. Duša je razsejana po vseh udih telesa. Kristjani pa po mestih sveta. [...] Nevidna duša je zaprta v vidnem telesu; tudi kristjane vidiš, da bivajo na svetu, a njihova vera ostane nevidna.«[63]

Delo Cerkve je bilo na videz nevidno, saj kristjani niso delali nič neobičajnega. Niso nosili posebnih oblek ali se nenavadno obnašali na javnih mestih. Pismo nadalje pojasnjuje: »Kristjani se ne razlikujejo od ostalih ljudi po deželi, po govorici ali po oblačilu. Ne prebivajo v svojih mestih, ne uporabljajo posebnega narečja, njihov način življenja ne bode v oči. [...] Živijo v grških in barbarskih mestih [...] in sledijo krajevnim običajem v oblačenju, prehranjevanju in drugem ravnanju, obenem pa nam kažejo čudovit in presenetljiv način življenja.«

Naši krščanski predniki so bili tako uspešni, da so jih poganski voditelji pogosto obtoževali zanašanja na magijo, skrivnostnost in široko mrežo zarotnikov, da bi dosegli svoje cilje. Njihov uspeh se je zdel prevelik, da bi ga lahko pripisali običajnim človeškim sredstvom. Afriški kristjan Tertulijan je zapisal: »Od včeraj smo, pa smo že napolnili svet in vse, kar je vaše: mesta, otoke, trdnjave, trge, občinske svete, celo taborišča, ljudske zbore, sodišča, cesarjevo palačo, senat, forum. Vam smo pustili samo – templje.«[64]

In tako je bilo, spreobrnili so svet s svojim delom – in z opravljanjem božjega dela, ki je konec koncev postalo ista stvar. Osvajali so, a ne z vojaškimi sredstvi ali prekanjeno, gotovo tudi ne s pridiganjem. Namesto tega so običajni laiški kristjani, v besedah drugega vatikanskega koncila, »predvsem s pričevanjem svojega življenja in z žarom svoje vere, upanja in ljubezni razodevali Kristusa drugim«.[65]

Sv. Jožefmarija je običajne kristjane nagovarjal, naj na isti način tiho in učinkovito evangelij širijo danes. To je imenoval »apostolat prijateljstva in zaupnosti«.[66]

Prijateljstvo je navsezadnje običajna družbena vez med ljudmi. Zaupanje in zaupnost sta cement vsakdanjih poslovnih odnosov. Samo na podlagi prijateljstva in zaupnosti lahko kristjani dajejo pristno, enotno pričevanje o sporočilu krščanstva.

Naš običajen apostolat mora biti oseben. Individualen, ena na ena. Edino tako lahko brez iluzij izpolnimo vsesplošni klic Cerkve k apostolatu. V nasprotnem primeru lahko za vedno hlepimo po množičnem širjenju evangelija, za kar morda nikoli ne bomo imeli časa. Neki direktor velikega podjetja se je spopadal s to duhovno krizo in odšel v Kalkuto, Indijo, da bi za nasvet povprašal Mater Terezijo. Ostro je govorila z njim. Naročila mu je, naj se vrne v domači Wisconsin in naj bo dober generalni direktor, da bi njegovo podjetje uspevalo in ohranilo veliko dobro plačanih in zaposlenih ljudi. »Zalivaj, kar si posadil,« mu je dejala, da v tvojem domačem kraju misijonarke ljubezni ne bi nikoli našle »najrevnejših med revnimi.«[67]

Prijateljstvo in zaupnost: to je pot, po kateri so prvi kristjani izvajali apostolat. Delovala pa je tako dobro, da so bili obtoženi skrivnih moči in zarot vseh vrst.

Prijateljstvo in zaupnost sta značilnost apostolata Opus Dei – ne institucionalni programi ali javne prireditve, čeprav imajo tudi te svoje mesto. Opus Dei redno organizira dogodke, kot so duhovne vaje, mesečne duhovne obnove, izobraževalni krožki in tečaji krščanskega nauka, toda navadno brez posebnega oglaševanja ali publicitete. Metoda »širjenja besede« je rajši medosebni stik: prijateljstvo.

Vse se strne v stisk roke in iskrenost.

Misija: Nemogoče

V apostolatu delovnega dne seveda ni veliko zemeljske slave niti religiozne romantičnosti. Sv. Jožefmarija se je zavedal tega: »Želiš biti mučenec. – Pokazal ti bom mučeništvo, ki ga lahko dosežeš: biti apostol ne da bi se tako imenoval, biti pravi misijonar – s poslanstvom – in se ne imenovati misijonar, biti božji človek in izgledati kot sveten človek: ostati neopazen!«[68]

Na misijone pojdimo v naš okoliš, saj nas je Bog poslal k vsakemu, ki ga srečamo. »Od stotih duš,« je zapisal sv. Jožefmarija, »nas zanima vseh sto.«[69] To se navezuje na vse družinske člane, vse naše sodelavce in vse sosede. Na zemlji se mora vsak približati Bogu in to potrebo bodo čutili, vse dokler so živi in tukaj. Bog nas pošilja v številna življenja kot svoje orodje, svoj glas, svojo pastirsko palico. Pošilja nas celo h kristjanom, ki so bolj sveti in krepostni kot mi. Tudi oni se morajo Bogu približevati, vse dokler so živi na zemlji. Naša nevrednost ni važna. V resnici tako pač je! Nismo vredni, da bi nas Bog poklical, in človeško gledano nismo zmožni izvršiti naloge, ki nam jo je zaupal. Zavedati se moramo, da apostolat ni *naše* delo, temveč *božje* delo – dobesedno *opus Dei*. »Bogu namreč ni nič nemogoče« (Lk 1,38). »Vse zmorem v njem, ki mi daje moč« (Flp 4,13).

Tako se mora naš apostolat vedno začeti z molitvijo. Iskati moramo priložnosti, da prijateljem spregovorimo o Jezusu Kristusu. Ampak najprej bi morali izkoristiti veliko priložnosti, da o naših prijateljih spregovorimo z njim. Prositi ga moramo, naj nam pokaže njihove potrebe, da bi jim lahko ponudili roko in resnično služili. Stvar našega apostolata bo lahko ob pravem času pripravljen obrok, ponudba za varstvo otrok, prevoz na drugo stran mesta. Ko smo do prijateljev prijazni, udejanjamo Kristusovo ljubezen, tudi če ne razkrijemo svojih najglobljih motivov. Ni treba, da smo kot televizijske oddaje, ki naznanjajo: »Tole prijazno gesto je za vas pripravila milost Jezusa Kristusa.« Naši prijatelji bodo dobroto cenili samo po sebi. Ko nas bolje spoznajo, bodo odkrili nadnaravni vir naše prijaznosti, in lahko da bodo ta božji vir začeli ceniti celo bolj kot vse naše prijazne pozornosti skupaj.

Vir mora vedno biti naš globok odnos z Jezusom in naše poistovetenje z njim. Moliti k njemu in naše življenje izročiti v zadoščevanje, kot je to storil on. To je vsaj deloma tisto, kar je sv. Jožefmarija imel v mislih, ko je govoril o »posvečevanju drugih s pomočjo dela«.[70] Svoje delo izročamo kot daritev za druge, tako da po naših dnevnih preizkušnjah pridobivamo milosti za njihove.

Sv. Jožefmarija je izrisal preprost apostolski program: »Najprej molitev, nato zadoščevanje; na tretjem mestu, res zelo na 'tretjem mestu', delovanje.«[71] Večina našega apostolata bo tako nevidna. Naši prijatelji bodo morda nekega dne uzrli vrh ledene gore – a le morda. Šele v nebesih pa bodo spoznali našo ljubezen v vsej njeni globini.

Apostolski cilji

Kako je videti takšen apostolat? Eden od najbolj slikovitih prizorov, ki mi pade na misel, je iz nasilnih časov pred špansko državljansko vojno. Ko se je politična tehtnica prevesila z ene strani na drugo, so se družbene vezi porušile. Zaupanje je doseglo dno in izdajati je postalo običajno. Državljani različnih političnih barv – od anarhistov do monarhistov – so se znašli skupaj, vrženi v nagnetene ječe. V oddelkih zaporov je iz medsebojnega sovraštva do političnih zapornikov pogosto izbruhnilo nasilje. Nekoč leta 1932 je sv. Jožefmarija obiskal nekatere mlade prijatelje, ki so bili politični zaporniki. Poslušal jih je, ko si je njihova jeza dala duška, ker so morali cele dneve preživljati natrpani s sovražniki. Njegov nasvet je bil jasen: s svojimi sovražniki bi se morali spoprijateljiti. Poslušali so ga in organizirali nogometne tekme – ne republikancev proti anarhistom, ampak v mešanih ekipah, ki so vključevale celo paleto političnih opredelitev. Zamisel je delovala. Eden od anarhistov je pripomnil, da ni še nikoli igral tako čiste igre nogometa. Številni igralci so ostali prijatelji še dolgo po prestani kazni in nekateri anarhisti so se sčasoma vrnili v Cerkev.[72]

Sv. Jožefmarija je zgovorno prepričeval o učinkih takšnega apostolskega pristopa. »Da bi sejali mir in veselje na vse strani. Da ne bi nikogar vznemirjali. Da bi znali hoditi z roko v roki s tistimi, ki ne razmišljajo kot vi. Da ne bi z nikomer slabo ravnali. Da bi bili bratje vsem ter sejalci miru in veselja.« Toda kot je zapisal njegov naslednik Javier Echevarría, ni ustanovitelj »nikoli nehal poudarjati, da to krščansko sobivanje ne pomeni popuščanje napakam, lažni doktrini«.[73]

V resničnem prijateljstvu smo svobodni, da izrazimo pripombo ali celo grajo. Po molitvi smo zmožni to povedati diplomatsko. Resnica lahko premika gore in to brez plazov retoričnih figur.

Apostolat prijateljstva in zaupnosti je za zgodnjo Cerkev deloval. Starih Rimljanov krščanstvo ni presenetilo toliko s svojimi argumenti, umetnostjo ali literaturo – temveč predvsem z ljubeznijo. »Poglej, kako se ljubijo med seboj,«[74] so se čudili pogani. Tertulijan je zapisal, da je čistost krščanske ljubezni izstopala v rimskem svetu, ker so Rimljani izkušali le malo pristnega prijateljstva in zaupanja. Njihova družba je bila promiskuitetna, prešuštniška; tako moški kot ženske so se bali zahrbtnih prijateljev. Toda kristjani so bili drugačni.

Kar je delovalo za naše krščanske prednike, bo delovalo tudi za nas danes. Apostolat mora izvirati iz osebne in nesebične ljubezni, če naj sploh kdaj uspe. Prijateljstvo premika srca zanesljiveje kot najboljši prodajni triki ali sladke besede uličnih misijonarjev.

O tem imam osebne izkušnje in v to – veliko zaupanje.

8. POGLAVJE

Sekularnost in sekularizem

Bodite možje in žene sveta, ne
pa posvetni možje in žene.

—POT, ŠT. 939

Neki ameriški komik je nekaj let nazaj v svoji večerni odda-ji občinstvo spravljal v smeh s posnemanjem *televangelista*. Kadar koli je uporabil besedo *sekularen*, jo je izsikal, kakor da bi šlo za sinonim demonske kače iz paradiža. Kot satira je zvenelo resnično. Beseda sekularen za nekatere kristjane predstavlja vir vsega zla na svetu. *Sekularno* in *sveto* je zanje kot ogenj in voda.

Enostavno je videti, kako pride do takšnih idej. Revolucio-narna gibanja osemnajstega in devetnajstega stoletja so ta dva pojma namenoma razumela kot nasprotje. Sekularne za-deve so bile stvar javnega interesa. Religija, sfera svetega, pa je bila zasebna stvar posameznikove vesti. V nekaterih krajih se je to pojmovanje izrazilo v ločitvi Cerkve od države. Toda druge države so od ločitve prešle k zatiranju v mišljenju, da mora biti religija omejena na osebno sfero in brez vpliva na razpravo v družbi in odločitve v njej. V nekaterih primerih se je to zaostrilo do skrajnih oblik. V Mehiki, na primer, je bilo sprva duhovnikom v javnosti prepovedano nositi talar;

kasneje jim je bilo prepovedano maševati. V Franciji je bilo nedavno muslimanskim dekletom v javnih šolah prepovedano nositi naglavno ruto. V moji državi imamo zares nenavadno situacijo: mesta v času božiča ne smejo postavljati jaslic, umetniki, ki kazijo verske podobe, pa za svoje delo dobivajo državna sredstva.

Od ločitve do zatiranja ni daleč in ravno to zgodovinsko neizogibno gibanje je tisto, ki je komika spodbudilo, da je sikajoče izgovarjal *sekularen*.

Ko je religija obsojena na hišni pripor, postane sekularnost sama svoje vrste religija, ki ji je pravilneje reči »sekularizem«.

V svetu in času

Toda sekularizem družbi in posameznikom vsiljuje umetno dihotomijo. Sv. Jožefmarija je to jasno razumel: »Ni mogoče ločevati religije od življenja, niti v mišljenju niti v vsakdanji stvarnosti.«[75] V krščanski misli *sveto* in *sekularno* označujeta dva različna, ne pa dva ločena »reda«. Beseda sekularen prihaja iz latinske *saecula*, kar pomeni »svet« in tudi »veki« ter zajema vse v kontinuumu prostora in časa, vse v stvarstvu. Zato se tradicionalni latinski blagoslovi in molitve pogosto končajo z besedami »per omnia saecula saeculorum«, kar hkrati pomeni »povsod po svetu« in »na vse veke vekov«. Običajne krščanske molitve tako posvečujejo svet in vse, kar je v njem. To je zgodovinsko nadaljevanje tistih znamenitih besed iz evangelija: »Bog je namreč svet tako vzljubil [...]. Bog svojega Sina ni poslal na svet, da bi svet sodil, ampak da bi se svet po njem rešil« (Jn 3,16-17).

Cerkev ne prezira sekularnega. Katoliški laiki ne bi smeli nikoli prezirati sveta. V resnici je njihovo življenje božji odgovor na tradicionalno molitev blagoslova nad »*omnia saecula saeculorum*«.

Tukaj moramo seveda razločevati med poklicem laika in poklicem v redovno življenje z zaobljubo. Redovni poklic je po svoji naravi klic k ločitvi od sveta. Redovniški duhovniki, menihi, sestre in bratje sledijo določeni poti k svetosti, ki jih oddaljuje od posvetnih reči. Napravijo zaobljubo čistosti, uboštva in pokorščine. Do neke mere sprejmejo odnos, ki ga duhovna literatura omenja kot »prezir do sveta« (*contemptus mundi*). Z besedami sv. Klare Asiške, zapustijo reči časa, da bi se posvetili rečem večnosti. Oddaljijo se zavoljo svojega odrešenja in da bi njihove molitve posvečevale svet. Redovniki in redovnice se umaknejo iz sveta, hudobijo na njem pa zdravijo od daleč. Redovne obleke – habiti – pogosto še dodatno razlikujejo člane reda od običajnega toka človeštva.

Krščanski laiki pa so po drugi strani poklicani k posvečevanju sveta od znotraj. Razpoznavni znak laičnih mož in žena je njihov *svetni* (sekularni) značaj, drža, ki se ji včasih pravi *sekularnost*. Laikom ni treba zapustiti časnih reči, da bi našli reči večnosti. »Izgleda, otroci moji, da se nebo in zemlja združita na obzorju,« je dejal sv. Jožefmarija, »vendar ne, resnično se združita v vaših srcih, kadar sveto živite običajno življenje.«[76] Časne zadeve so božje, zato so domena tudi njegovih otrok. *Katekizem* glede tega citira drugi vatikanski koncil: »Laiki imajo po posebni poklicanosti nalogo iskati božje kraljestvo s tem, da se ukvarjajo s časnimi rečmi in jih urejajo v skladu z božjo voljo.«[77] Z besedami *Zakonika cerkvenega prava* je poslanstvo laikov v tem, da »časno ureditev stvari prepojijo in spopolnijo z evangeljskim duhom«.[78]

Sv. Jožefmarija začrtal potrebne razlike med sekularno in redovniško duhovnostjo in poudaril, da je sekularnost temeljna tudi za duhovnike Dela, ker so *svetni duhovniki* in ne člani redovne ustanove. Ne delajo zaobljub. »Moji otroci se po ničemer ne razlikujejo od svojih sodržavljanov. Nasprotno pa razen vere nimajo nič skupnega z redovnimi skupnostmi. Rad imam redovnike ter spoštujem in občudujem njihovo samostansko življenje, njihov apostolat, njihovo odmaknjenost od sveta − njihov *contemptus mundi* −, ki so *druga* znamenja svetosti v Cerkvi. Vendar mi Gospod ni dal redovniškega poklica in da bi si ga želel, bi zame pomenilo nered. Nobena oblast na zemlji me ne more zavezati k temu, da postanem redovnik, kakor me nobena oblast ne more prisiliti, da sklenem zakon. Sem svetni duhovnik, duhovnik Jezusa Kristusa, ki strastno ljubi svet.«[79]

Pot s svetom

Sekularizem ne vznikne kar sam od sebe. Včasih se pojavi kot pretirana reakcija na resnične zlorabe verske oblasti. Zloraba je lahko uradna, ko na primer država ali politična stranka trdi, da je njen pristop edini veljavno katoliški. V zgodovini poznamo številne obupne primere voditeljev, ki so se sklicevali na odobritev Boga ali Cerkve, ko jim je manjkalo prepričljivih argumentov, dobrih razlogov in podpore ljudstva. Zgodovina nam hkrati govori o nekaterih duhovnikih in dostojanstvenikih, ki so prižnice in druge simbole svoje verske avtoritete izrabljali za neupravičeno vplivanje na podjetja ali politične zadeve – tiste, ki so bile v resnici moralno nevtralne.

Ime zlorabe, o kateri govorimo, je klerikalizem,[80] in zdi se neizogibno, da ne bi izzval vala antiklerikalizma. Malo je človeških želja, ki bi bile tako odvratne, kot je hlepenje po moči, posebej nespodobno pa je za ljudi, ki so posvečeni služenju. Duhovništvu je priznana določena avtoriteta v zadevah cerkvene discipline. Toda uveljavljanje te avtoritete je delikatno. Njihov položaj si zasluži spoštovanje, toda duhovništvo sme pričakovati uklonljivost samo na področju, kjer je njihova avtoriteta legitimna. Duhovnik nam lahko pravi, kdaj moramo k sveti maši ali s kom se lahko veljavno poročimo, toda ne sme nam naročati, v katero restavracijo naj gremo ali katero politično stranko naj izberemo. (Avtoriteta duhovništva sicer sega na področje političnega strankarstva, in sicer v primeru, ko stranke postanejo popolnoma nemoralne. Občasno so zato katoliški škofje legitimno prepovedali članstvo v političnih zvezah, povezanih z nacizmom, komunizmom in prostozidarstvom.)

Nikakor pa se ne bi smeli laiki do cerkvenih dostojanstvenikov vesti klečeplazno ali pretirano uklonljivo. Generalni direktor podjetja nima nikakršnega razloga, da bi dajal strateške načrte v pregled domačemu župniku. Ko klerikalizem okuži katoliškega laika, se navadno kaže kot skrajna uklonljivost duhovščini v zadevah, kjer je Cerkev v resnici neopredeljena. Uspešnost posvetnega truda se mora meriti po posvetnih merilih. Ne bi smeli iskati bližnjic do uspeha z nalepko »katoliško« na delu naših rok. Enako ob organiziranju kulturnih dejavnosti ali pomoči za revne. Nobene potrebe ni, da takšne dogodke predstavljamo kot pobude Katoliške cerkve. Preprosto gre za služenje sekularni družbi, kar lahko počne kdor koli.

Sv. Jožefmarija je v svojem življenju in duhovništvu pokazal, da imajo katoličani lahko duhovniško dušo in laično miselnost obenem, kar je možno tako za duhovnike kot laike. Globoko je cenil redovne skupnosti; in svetniki, kot sta sv. Ignacij Lojolski in sv. Terezija Deteta Jezusa, so imeli nemalo vpliva na njegovo duhovnost. Dolga leta je bil njegov duhovni voditelj jezuit, ustanovitelj pa je za izobraževanje svojih prvih članov Dela uporabljal Terezijine *Avtobiografske spise* oziroma *Povest duše.*[81] V besedah »kontemplativni sredi sveta« lahko slišimo odmev Ignacijevih, ki je želel, da bi bili »kontemplativni v akciji«. Odmev Terezijinega zgleda »male poti« pa vidimo v Jožefmarijevem poudarjanju majhnih stvari. Še vedno pa po božjem navdihu njegova pot *ni* bila podobna njihovi.

V resnici je na ustanovitelja vplivalo tudi odraščanje v ozračju pred špansko državljansko vojno, ko je bilo ljudstvo trpko razdeljeno na klerikalno in antiklerikalno strujo. Sredi te ujedljivosti in zmede mu je Bog pokazal resnično pot, ki ni bila ne klerikalna ne antiklerikalna. Bila je katoliška. Spoštovala je enako svobodo in dostojanstvo redovnikov in laikov. Novinar John Allen je zapisal, da je z Jožefmarijevo potjo »klerikalizmu zapel navček«.[82]

Nadnaravno naraven

Sekularni značaj je po besedah drugega vatikanskega koncila značilen za laike.[83] Posebni značaj ustvari posebno obliko duhovnosti.

Ljubezen do sveta laikom omogoči, da živijo in delajo z naravnostjo v katerih koli okoliščinah, brez posebnih oblek ali manir. Vse, po čemer bi se morali ločevati od drugih, je njihova korektnost in dobrotljivost. Če se moramo ločevati na kak drug način, naj bo to v odličnosti dela, ki ga opravljamo – v služenju drugim kot daritev Bogu. Sekularnost pomeni, da se obnašamo v skladu s položajem v življenju, ki je ravno tisti, za katerega nas je poklical Bog.

Nenaravno bi bilo od nas, da bi z javnimi dejanji pobožnosti pozornost preusmerjali nase, kakor bi bilo nenaravno za mojo ženo in zame, da bi s pretiranimi dejanji naklonjenosti privabljala oči mimoidočih. Zadržanost pri izkazovanju naklonjenosti – naj se nanaša na pobožnost ali poljube – ne pomeni, da se sramujem biti kristjan ali moški, poročen s Kimberly. Niti ne pomeni, da sem kakor koli skrivnosten. Gre zgolj za zadržanost, ki je za svet primerna – ali vsaj za tisti kotiček sveta, kjer živim.

Podobno tudi naših domov ni treba okraševati kot srednjeveške cerkve, da bi postali posvečeni. Naj bodo seveda krščanski, toda v prvi vrsti domovi, ne katedrale.

Kljub temu se lahko tudi s sekularnostjo, kakor z vsako dobro stvarjo, pretirava. Vnema po poudarjanju laičnosti naše pobožnosti ljudi ne sme puščati v dvomih, ali smo kristjani. To bi bilo ravno tako nenavadno, kot če bi si čez redovniško obleko nadeli delovno. Naša sekularnost ne sme nikoli zdrsniti v sekularizem.

»Žívi kakor drugi ljudje okrog tebe, naravno,« kot je zapisal sv. Jožefmarija, »vendar tako, da vsakemu trenutku dneva dodaš nekaj nadnaravnega.«[84]

Svetla plat

Ko se je moja pot bližala Katoliški cerkvi, je sekularna duhovnost Dela name osebno naredila velik vtis. Odraščal sem namreč v kalvinističnem okolju, v katerem sem bil naučen na svet in človeštvo gledati v smislu »popolne pokvarjenosti«. S takšnega pogleda se je zdelo naravno sikati besedo »sekularen«, kot to počnejo televangelisti, ko se bojijo omadeževane posvetnosti, ali komiki, ko jih oponašajo.

Nič ni bilo bolj optimističnega od sporočila Opus Dei, v katerem je optimizem osnovan na sekularnosti – in svetopisemski pripovedi o božji oblasti nad stvarstvom. Sv. Jožefmarija je dejal: »Gospod je hotel, da njegovi otroci, ki smo prejeli dar vere, pokažemo, kakšna je izvorna optimistična vizija stvarstva, 'ljubezen do sveta', ki utripa v krščanstvu.«[85]

Takšen optimizem se razteza vse do najbolj zakrknjenih grešnikov in celo do tistih, ki ne sprejemajo Jezusa Kristusa. Saj so tudi oni ustvarjeni od Boga in zmožni spreobrnjenja kakor mi. Proti prvim protestantskim reformatorjem so na tridentinskem koncilu zapisali, da so ljudje zmožni opravljati »dobra dela« tudi izven stanja milosti.[86] Papež sv. Pij V. je obsodil protestantsko misel, da so »vsa dela nevernih grehi, in kreposti [poganskih] filozofov zablode«.[87] Brez krsta je človeštvo padlo in potrebuje odrešenika, vseeno pa odraža božjo podobo. Naša narava je z izvirnim grehom ranjena, ne pa uničena.

Kot katoličani lahko prepoznavamo resnično dobro v delih naših bližnjih. Veselimo se in cenimo lahko kreposti naših sodelavcev, tudi če se zdi, da so na mnogo načinov oddaljeni od Jezusa.

Ne mislim na goli naturalizem. Samo po milosti je namreč našim delom dana odrešujoča vrednost. Samo po milosti lahko naše delo pretvorimo v *opus Dei*. Vse odrešujoče dobro prihaja po Svetem Duhu, ki izliva milost v srca posinovljenih božjih otrok. Naša dolžnost je pritegovati prijatelje in sodelavce vse bližje Kristusu – vse bližje njihovemu poklicu božjih otrok. Edino Bog lahko oplemeniti njihova dela z božjo močjo.

Sv. Tomaž Akvinski je na vprašanje, ali lahko človek brez milosti želi in doseže, kar je dobro, jedrnato odgovoril:

> Ker človeška narava od greha ni povsem pokvarjena, tako da bi ji manjkalo vsega naravnega dobrega, lahko celo v stanju ranjenosti na podlagi naravnih darov doseže določeno dobro, kot je gradnja prebivališč, sajenje vinogradov in podobno. Toda ne more opraviti vsega dobrega, ki tem stvarem priteče, [...] kot se bolan človek ne more gibati kakor zdrav, četudi je zmožen premikanja; razen če je s pomočjo medicine ozdravljen.[88]

Naš apostolat mora biti studenec milosti za dobre ljudi, ki jih najdemo povsod. Nihče ni popolnoma pokvarjen. Res lahko prepoznamo njihove kreposti kot kreposti – in priznamo, ko nas v določeni prekašajo. Vseeno pa jim lahko pomagamo doseči veliko več. Pomagamo jim lahko zagledati novo obzorje zase, za svoje družinsko življenje in delo. Z zgledom in prijateljstvom jih lahko vodimo k veri in omogočimo, da po svojih delih postanejo soodrešeniki skupaj s Kristusom, ko so deležni njegovega skupnega duhovništva.

Lahko, da nismo bog ve kaj. Toda naša roka lahko predstavlja vso spodbudo, ki jo prijatelji potrebujejo, da dosežejo Jezusa Kristusa – in on jim jo vedno ponuja. Njihove kreposti bodo pobožanstvene z milostjo in povzdignjene z naravne na nadnaravno raven. Nič ne more biti boljše kot to.

Laični apostolat je čudovit apostolat, posebej zaradi svoje bogate sekularnosti. Veseli bi morali biti, ko besede ne izsikamo, in ni nam treba biti nerodno, ko želimo »strastno ljubiti svet«.[89]

»Svet nas pričakuje. Da! Strastno ljubimo ta svet, ker nas je Bog tako naučil: *Sic Deus dilexit mundum ...* – Bog je svet tako ljubil; in zato ker je to kraj našega bojnega polja – prelepe vojne ljubezni –, da bi vsi dosegli mir, ki ga je prišel vzpostavit Kristus.«[90]

9. POGLAVJE

Spolnost in daritev

Se smeješ, ker ti pravim, da si »poklican za zakon«? – Tako je, res si poklican. Priporoči se svetemu Rafaelu, da te bo, kot Tobija, neomadeževanega pripeljal do konca poti.

—POT, ŠT. 27

V srcu Opus Dei je krščanska izkušnja božjega otroštva. Bog je naš Oče. V Kristusu, ki je večni Sin, smo njegovi otroci. Zato je Cerkev, zbrana okoli njegove mize, *božja družina* na zemlji, kot je Sveta Trojica božja Družina v nebesih.

O tej skrivnosti je papež Janez Pavel II. zapisal: »Bog v svoji najglobljji skrivnosti ni samota, temveč družina, saj ima v sebi očetovstvo, sinovstvo in bistvo družine, ki je ljubezen.«[91] Vredno omembe je, da papež družine ni predstavil kot metaforo Svete Trojice. Ni zapisal, da je Bog *kakor* družina. Bog *je* družina, pravi. Resničneje bi bilo reči, da so človeške družine *kakor* družine, kot pa, da je Bog kakor družina.[92]

Vse družine na zemlji so podoba božanstva in domača Cerkev. Težko bi bilo preceniti njihovo pomembnost v duhovnem življenju. A naše družine se zdijo tako običajne, da jih z lahkoto prenizko vrednotimo.

Ker se duhovniki odpovejo zakonskemu življenju, ga kristjani včasih razumejo kot drugorazredni poklic, ki oddaljuje od molitve, kontemplacije in apostolata. Toda to ne drži ali vsaj ni nujno, da drži. Nekoč je neki moški vprašal sv. Jožefmarija, kako lahko uravnotežimo predanost družini in predanost Bogu. »Moj sin,« mu je odgovoril, »ne bi ugajal Bogu, če ne bi bil predan svoji družini ... Nobenega konflikta ni med tema dvema dolžnostma. Združeni sta kot različne niti, ki spletene skupaj tvorijo vrv.«[93]

Preizkušnje

V pridigah in govorih je ustanovitelj pogosto uporabljal analogije med duhovnim in družinskim življenjem, med institucionalnim življenjem (v Cerkvi in Delu) in domačim. Opus Dei je imel hkrati za »družino in vojsko«. Za oboje pa je želel miru, ki ga je poznal iz otroških let.

»Ko govorim o zakramentu zakona, postanem ganjen, saj se spomnim ljubezni svojih staršev,« je nekoč pravil. »Kako dobro sta se vedno odzvala, čeprav je bilo nekaj precej težkih trenutkov. Vedela sta, kako drug drugega spodbujati, kako nas krščansko vzgajati in kako sprejeti božjo voljo s pobožnostjo, ki jo je v njiju gojila milost.«[94]

Da je bilo nekaj »težkih trenutkov«, ni ravno ustrezen izraz. Jožefmarija je bil drugi od šestih otrok Joséja in Dolores Escrivá. Samo trije so preživeli otroštvo. Tudi Jožefmarija sam bi v detinstvu kmalu umrl za vročino in njegova mati je čudežno preživetje pripisala posredovanju blažene Device Marije. José je bil trgovec, nekoč premožen, ki pa je izgubil vse – tako podjetje kot prihranke – zaradi vprašljivih poslov njegovega partnerja. Družino je to privedlo v razmeroma revno in ponižujoče stanje.

José je dogodke prenašal dostojno in nezagrenjeno. Odslej je moral delati bolj trdo za manj denarja v slabših službah in verjetno je, da so ti napori vodili v njegovo zgodnjo smrt. Dom Escrivájevih pa je ostal zibelka miru in zakonca sta stala drug ob drugem v vseh preizkušnjah.

Ob premišljevanju o življenju ljubezni in požrtvovalnosti svojih staršev je sv. Jožefmarija začenjal globoko ceniti družino nasploh, še posebej pa sveto družino iz Nazareta. Njegovo ime samo je odsev tega vrednotenja. Kršćen je bil kot »José María« s presledkom med imenoma, toda v mladosti je začel imeni zapisovati skupaj, da bi pokazal na enotnost Marije in Jožefa – enotnost, ki jo je želel za vsako človeško družino.

Zlat kovanec

Pogosto je govoril o veselju zakonskega življenja. Vseeno pa je vztrajal, da zakon ni zgolj zadoščenje za srce in čute. Obenem je tudi bolečina; ima dve plati, kot kovanec.

> Na eni strani so veselo spoznanje, da smo ljubljeni, želja zgraditi in vzdrževati dom, zakonska ljubezen, radost ob odraščajočih otrocih. Na drugi so bolečine in neprijetnosti, tek časa, ki načenja telo in grozi s pogrenitvijo značajev, navidezna enoličnost dni, ki so videti vsi enaki.
>
> Slabo bi vrednotil zakon in človeško ljubezen, kdor bi mislil, da se ob teh ovirah ljubezen in zadovoljstvo končata. Prav takrat, ko čustva, ki so navduševala tisti osebi, pokažejo svojo pravo barvo, pa se podaritev in

nežnost ukoreninita in pokažeta kot pristno, globoko čustvo, močnejše od smrti.[95]

Kot je sam vedel iz otroštva, je trpljenje včasih neizogibno. Polom podjetja, smrt bližnjih – na takšne dogodke se ne moremo pripraviti ali jih predvideti. Nič manj težaško ni dnevno guljenje delavca, ki se premalo plačan komaj prebija skozi mesec, čeprav bi si zaslužil veliko boljše delovno mesto. To so okoliščine številnih običajnih družin. Trpljenje pride in bo prišlo. Kaj naredimo z njim, pa je tisto, kar nas spreminja v svetnike ali velike nesrečnike. Naša izbira je, a obenem ne stvar enega človeka. Ko živimo v družini – ali v kakršnem koli gospodinjstvu – naše izbire vplivajo na ljudi okoli nas. Ali se pogodimo, da trpljenje spremenimo v srečo za druge, ali pa domačo nesrečo le še pomnožimo. Ob težavnih dneh bo največja daritev morda ravno nasmeh, ko za to nismo razpoloženi. »Pogosto sem vam pravil,« na nekem srečanju razlaga sv. Jožefmarija, »da je nasmeh lahko najtežje mrtvičenje. No, nasmehnite se torej!«[96]

»Ljubezen, moji otroci, je žrtev,« nadaljuje. »Mož mora ljubiti svojo ženo in ji to pokazati.« Žene, po drugi strani, »svojih zakoncev ne bi smele jemati za samoumevne«.[97] Privlačnost v času osvajanja in zaroke pride naravno, toda čez leta je zanjo potreben trud, celo načrtovanje in priprava. Pare je spodbujal, naj drug drugemu v zakonskem življenju izražajo naklonjenost. Povedal jim je: »Nikoli ne izgubite prefinjenosti, ki ste jo imeli ob zaroki; drugače stvari ne bodo tekle dobro.«[98] Nagovarjal jih je, naj bodo posebej pozorni na majhne reči: kako so oblečeni, kako po dolgem dnevu pridejo

domov, kako skrbno pripravljajo obroke in kako drug druge-
ga pozdravljata. Nasmeh je najpomembnejši; ali kot je opisal:
»Krščanski pari bi svoje odpovedi morali opravljati vedro in
neopazno.«[99]

Zakonska postelja je oltar

Ustanovitelj se obenem ni ogibal pogovorov o spolnosti v
zakonu. Še več, o tem je govoril, ko so se številni kristjani
teme izogibali – ali pa o njej razpravljali v grenkih izrazih
dolžnosti ali kot »popuščanje človekovi slabosti«. Namesto
tega je zakonsko posteljo označil za oltar. Kar je položeno
na oltar, je sveto in darovano Bogu. Spolnost, kot vse obi-
čajno življenje, moramo izročiti v »živo, sveto in Bogu všeč-
no daritev,« o čemer piše sv. Pavel (Rim 12,1). Naša spolnost
prihaja od Boga in se vrača k njemu kot žrtvena daritev kr-
ščanskega para – njuna popolna samopodaritev, dar njunih
življenj, izročen drug drugemu in Bogu. Sv. Jožefmarija je
brez zadržkov zapisal: »Spolnost je nekaj svetega in pleme-
nitega – je udeleženost v božji stvarjenjski moči – in ustvar-
jena je za zakon.«[100]

Hvalil je čistost izraza zakonske ljubezni in vztrajal, da
je hvala upravičena – celo zapovedana – po nauku Cerkve:
»Zakon je zakrament, ki iz dveh teles naredi eno. Kot z moč-
nim izrazom pove teologija, sta tvarina zakona sami telesi
zakoncev. Gospod posveti in blagoslovi moževo ljubezen do
žene in ženino do moža. Ni združil samo njunih duš, ampak
tudi telesi. Noben kristjan, pa naj bo poklican v zakonsko živ-
ljenje ali ne, ga ne more prezirati.«[101]

Dejanje zakonske ljubezni je nekaj, kar človeka ločuje od živali. Zares človeška spolnost povezuje, obnavlja in krepi vez med moškim in žensko. Dva postaneta eno in ta enost postane tako resnična, da jo morata po devetih mesecih morda celo poimenovati. Z drugimi besedami, ljudje se ne »parijo«; ljubijo se in njihova ljubezen ustvarja nove rodove. Zato je Katoliška cerkev vedno učila, da je spolnost samo za zakon, vseživljenjsko obvezo, ki ustvarja trden dom, najprimernejši za odraščanje otrok. Nadalje Cerkev uči, naj vsako spolno dejanje sledi dvojnemu namenu spolnosti: združitev dveh oseb in odprtost za življenje.

Bog je družino oblikoval, da bi nas postopoma izvlekel iz nas samih in naše sebičnosti, da bi se naučili večjih in bolj ljubečih daritev za druge. Sprva vsak od nas živi sam, podobno kot Adam, toda biti sam ni dobro.

Zato stopimo v življenje z drugo osebo. Poročimo se, pridejo otroci in vnuki. Vsi nas vse bolj vlečejo ven iz našega omejenega sveta, da lahko posnemamo Boga in ljubimo kot on, ki se je za svoje otroke predal popolnoma.

Otroci nas posvečujejo. Prinašajo obilo radosti in povzročajo nekatere nevšečnosti. Treba jih je hraniti, oblačiti, izobraževati, disciplinirati in nadzorovati. Vse to je lahko velik strošek v finančnem in človeškem smislu. Ne moremo pa izbrati radosti starševstva brez nevšečnosti. Niti ne moremo načrtovati življenja, ki bi do najvišje mere povečalo prvo in omejilo drugo. Življenje ne teče po naših načrtih; ali kot pravijo besede znane pesmi, življenje je tisto, kar se ti zgodi, medtem ko načrtuješ nekaj drugega.[102]

Sv. Jožefmarija je družine spodbujal, naj velikodušno

sodelujejo z Bogom, tako da so odprte življenju do obilnosti. Pogosto je o novem otroku govoril kot o blagoslovu za starše. »Se bojite otrok? Nikar! Zelo morate ljubiti Boga in se mu iskreno zahvaliti, ko vam kakšnega pošlje. Vsakič, ko v družino pride otrok, je to dokaz, da Bog zaupa v vas. Bodite veseli. Od koder prihajam, pravijo, da pride vsak otrok s hlebcem kruha pod roko.«[103]

Zavedal se je, da je šel s tem proti tedanjemu kulturnemu toku, ko so sredstva za preprečevanje nosečnosti povsem običajno delili med novoporočence. Vendar je pare spodbujal, naj se trendu uprejo. »Ne prenašajte te nizkotne, protikrščanske propagande. Želijo vas imeti za živali! Zato vam pravim, da se uprite, da bodite uporniki. Jaz sem. Nočem živeti kot žival. Želim živeti kot božji otrok in vi si želite enako.«[104]

Vsako dejanje zakonske ljubezni ne bo blagoslovljeno z nosečnostjo in gotovo obstajajo primeri, ko je *naravno* načrtovanje nosečnosti povsem upravičeno. Vsa dejanja pa bi morala biti odprta možnosti za življenje.

Nadalje, vsak zakon ne bo blagoslovljen z otroki. Nekateri pari se morajo soočiti z neplodnostjo. Sv. Jožefmarija jih je učil ljubiti drug drugega in svojo ljubezen radodarno deliti z ljudmi okoli sebe – da bi namenili več časa svojim apostolskim dejavnostim in služenju prijateljem. To pomeni živeti v božji družini. Zato bodo njihova življenja kakor življenja staršev polna.

Bog v svoji previdnosti pare blagoslavlja na dva načina: ene z otroki, druge pa včasih, ker jih ima tako rad, s tem, da jim jih ne nakloni. Ne vem, kateri blagoslov je boljši. V vsakem primeru tisti, ki ga Bog pošlje.

Parom, ki ne morejo imeti otrok, bi rad povedal, naj se imajo zelo radi, res zelo radi. Človeška ljubezen znotraj zakona je Bogu nadvse prijetna. Imejte se radi z vso dušo, skladno z naravno in božjo postavo.[105]

Še obilnejši dar znotraj človeške spolnosti je k božjemu kraljestvu usmerjen celibat. Moškemu ali ženski daje večjo svobodo za služenje Bogu v raznolikih okoliščinah in največji možni prilagodljivosti. Življenje v celibatu vnaprej uresničuje veličastno izpolnitev življenja v Kristusu ob koncu časov. »Ko bodo namreč vstali od mrtvih, se ne bodo ne ženili in ne možile, ampak bodo kakor angeli v nebesih« (Mr 12,25). Številni člani Opus Dei so sprejeli klic k temu. Prišel je od Boga, slišali pa so ga od sv. Jožefmarija: »Veliko jih je, ki živijo kot angeli sredi sveta. – In zakaj ne bi tudi ti?«[106]

Misliti z materjo

Kot sem že omenil, je sv. Jožefmarija na življenje v Delu in Cerkvi gledal z družinskega vidika. To je še ena od stvari, ki me je pri Opus Dei kot novopečenega katoličana privlačila. Člani ne skušajo deliti kristjanov na leve-desne, liberalne-konservativne ali po kateri koli drugi struji. Cerkev so razumeli kot družino, katere edinost, ki je bistvena, presega kakršne koli razlike v prepričanjih, okusih in nagnjenjih. Pri članih Opus Dei se mi je zdelo, da jim je bilo enostavno

»misliti s Cerkvijo«, ker so jo razumeli kot družino in ne institucijo ali ideologijo. Za sv. Jožefmarija je bila Katoliška cerkev »Mati Cerkev«, ki svoje mlade hrani s samo seboj v evharistiji in jih uči za življenje v temeljitem poznavanju dobrega nauka.

Kar so verniki Dela imeli, so želeli deliti. Brezčasno resnico krščanstva. Bilo pa je več kot to: širiti so želeli svojo družino, življenje božjega otroštva v božjem gospodinjstvu. Njihov apostolat je imel vedno izobraževalni in dobrodelni značaj, ki je spoštoval resnično svobodo božjih otrok ob občasnih nežnih popravkih in usmeritvah, ko je bilo to potrebno.

Ko sem sčasoma spoznal te dobre ljudi, sem bil že mož in oče. Bog me je klical k razdajanju in mi kazal nova obzorja.

Zame je bil od samega začetka Opus Dei kot dom.

10. POGLAVJE

Nazareška delavnica:
enotnost življenja

> Tišina. Mir. V tebi pa živahno notranje
> življenje. Brez dirjanja, brez nore potrebe
> po spreminjanju svojega položaja, prav
> z mesta, ki ti je namenjeno, boš kot
> močan duhovni generator dal mnogim
> svetlobo in energijo, ... ne da bi pri tem
> sam izgubil svojo moč in svetlobo.
>
> —POT, ŠT. 837

Člani Opus Dei ohranjajo globoko pobožnost do sv. Jožefa, ki so se je naučili od sv. Jožefmarija. Vsak dan, ko je ustanovitelj začel jutranjo premišljevalno molitev, je Jezusovega krušnega očeta prosil za pomoč in se nanj obrnil z besedami »moj oče in gospod«. Na god sv. Jožefa, 19. marca, pa verniki prelature, ki so že opravili *oblacijo*, obnovijo svojo poklicanost.

Pobožnost do sv. Jožefa je čudovit in ponavljajoč se pojav v zgodovini. Veliki očak pa v Svetem pismu ni pustil niti besede. Tiho se premika po straneh dveh evangelijev, vedno odprt za angelove pobude in vedno pozoren na varnost svoje žene in Otroka. V ostalih evangelijih se pojavi samo bežno v opisu Jezusa kot »tesarjevega sina«.

Nedvomno je bil močan, tih človek. In kako močan je moral biti – v veri, telesno in v očetovstvu – da je družino varno popeljal v Egipt in nazaj v Nazaret, ko so bile vse Herodove moči naperjene proti njej.

Če bi bilo vse, kar bi sv. Jožefmarija učil, pobožnost do sv. Jožefa, bi nas naučil veliko. V Jožefovem življenju namreč opazimo vse ključne sestavine Opus Dei. Opazimo očetovstvo in sinovstvo. Uzremo veselo družinsko življenje kljub številnim težavam. Vidimo dejavno pobožnost. Srečamo moža, ki trdo dela, in po njegovem delu ga ljudje poznajo. Vsi ti različni vidiki se v njegovem življenju združijo. Sv. Jožef je živel v miru, ker ni dovolil, da bi ga potegnilo na različne konce. Dobro je živel tisto, čemur bi sv. Jožefmarija rekel »enotnost življenja«.

Z Besedo na dom

Od prizorov iz gospodinjstva svete družine se lahko veliko naučimo – ne le iz družinskega življenja, temveč tudi iz fizičnega okolja. Njihova hiša je bila verjetno običajen dom tistega časa: majhna kamnita ali lesena stavba, s svetilko osvetljen enosobni prostor, ki ga je zračila vratna odprtina. Iz Lukovega evangelija lahko razberemo, da je bila družina revna. Ob Jezusovem darovanju v templju so žrtvovali, kar je bilo določeno za manj premožne, »dve grlici ali dva golobčka« (Lk 2,24). Lahko pa predvidevamo, glede na to, da je bil sv. Jožef tesar, da je bila njihova hiša bolje zidana od večine, četudi majhna po velikosti.

Samcati prostor v hiši je bil verjetno skromno opremljen, saj je moral podnevi služiti kot jedilnica in ponoči kot spalnica. Morda se je za družinske posle uporabljal tudi kot delavnica. Postelja je bila na tla položena preproga (ali več preprog). V hladnejših mesecih so si nekatere družine spalni prostor delile z živino, če so jo imele.

Ni bilo jasnih ločitvenih mej med jedrno družino in sosedi. Celo na severu dežele, v poganski Galileji, so bile skupnosti pogosto plemensko urejene. V omejenem svetu kmečkega človeka so bili vsi »družina«. Zaradi tega ni bilo posebnih besed za bratrance in sestrične; vsi krvni sorodniki so bili bratje in sestre, ne glede na stopnjo povezanosti. Še več, vezi posamezne družine so segale dlje, do vseh članov dvanajstih izraelskih plemen ali vsaj do preostankov, ki so takrat živeli v deželah svojih prednikov.

Vaška skupnost je do neke mere določala širino obzorja posameznika. Dolga potovanja so bila težavna in tudi nevarna, saj so razbojniki in plenilske živali ponoči stikali po poteh. Ko so popotniki šli na pot v Jeruzalem, kot na primer med romanjem ali za svete dni, so potovali s svojim plemenom – ne z neznanci, kot bi to storili danes. Karavane so bile lahko precej dolge – tako dolge, varne in domače, da bi se lahko otrok v njih za kakšen dan zlahka izgubil, preden bi starše začelo skrbeti (glej Lk 2,42-45).

Romanja so predstavljala vrhunec judovskega verskega koledarja, toda govoriti o »verskem koledarju« je lahko zavajajoče, saj je za božje izvoljeno ljudstvo obstajal le en koledar, prežet s postavo in liturgijo stare zaveze. Liturgija ni bilo le svečano obredje, ki se je odvijalo v oddaljenem templju, ali rituali, ki so jim dvakrat tedensko prisostvovali v sinagogi; liturgija je prežemala celotno življenje. Izraelova postava je določala, naj se vsak dan začne z vzklikom k Vsemogočnemu, in vsak obrok je bil posvečen dogodek, ki se je začel z blagoslovom.

Takšno je bilo življenje sv. Jožefa, običajnega delavca Judovega plemena v provinci širnega imperija. Bilo je v številnih vidikih različno od naših življenj. Bilo pa je življenje molitve, dela, družine, veselja in trpljenja. Povsem enotno. Sv. Jožef je bil sv. Jožefmariju vzor »enotnosti življenja« in lahko je tudi nam.

Njegov vzor je izziv za današnje ljudi v sekularizirani družbi. Naša družba nam določa, da si za vero vzamemo čas, a da ga ločimo od drugih reči. Lahko ga vnesemo v svojo Akto ali Androida, tako da bodo nedeljska jutra zasedena za sveto. Toda kje je Bog čez teden? Kje je Bog, ko služimo kruh, se igramo in počivamo ter pomagamo svojim otrokom pri matematiki?

Sv. Jožefmarija je opazil, da je velika skušnjava sodobnih kristjanov živeti »nekakšno dvojno življenje: notranje življenje, življenje odnosa z Bogom na eni strani; na drugi pa od tega ločeno in drugačno družinsko, poklicno in družbeno življenje, polno drobnih zemeljskih stvarnosti.« Toda vztrajal je, da skušnjavi ne smemo podleči: »Ne, otroci moji! Ne more biti dvojnega življenja, ne moremo biti kot shizofreniki, če hočemo biti kristjani. Obstaja le eno samo življenje, iz mesa in duha, in to mora biti – na duši in na telesu – sveto in polno Boga. Tega nevidnega Boga srečamo v najbolj vidnih in snovnih stvareh.«[107]

Življenje, ki ga je sv. Jožefmarija predlagal, je enotno življenje, kot je bilo življenje sv. Jožefa – povsem sekularno, toda obenem sveto, vpeto v vrvež vasi (galilejske ali pa globalne), in vedno potopljeno v Boga. Življenje, ki združuje nebeško in človeško, teoretično in praktično, poklicno in družinsko. Usmerjeno k nebesom, toda nekako že tam.

Vzrok je za srečne dni kljub težavam in za radost, ki sem jo odkril v tistih članih Opus Dei, ki sem jih prvič spoznal. »Gospod ne želi, da bi bili nesrečni na tej poti in bi samo čakali na tolažbo v onstranstvu,«[108] je učil sv. Jožefmarija.

> Gospod hoče, da bi bili srečni tudi tu, ampak v hrepenenju po dokončni izpolnitvi one druge sreče, s katero nas samo On lahko napolni v celoti. Premišljevanje nadnaravnih resničnosti, delovanje milosti v naših dušah, ljubezen do bližnjega kot okusen sad ljubezni do Boga na tem svetu že predstavljajo preduem nebes, začetek, ki mora iz dneva v dan rasti. Kristjani ne maramo dvojnega življenja; ohranjamo enotnost življenja, preprostega in močnega, v katerem se zlivajo in prepletajo vsa naša dejanja.[109]

Skupni imenovalec je božje otroštvo. Sv. Jožefmarija se je naučil, kako biti božji otrok, z opazovanjem odraščanja Božjega Sina. Jezus je bil edini zares občudovanja vreden otrok in gotovo ga je krušni oče občudoval, saj se je od njega učil zaupanja Očetu in prepustitve Njegovi volji. Tudi mi se lahko od majhnih otrok učimo. Pravzaprav bi se morali. Jezus sam nam je naročil: »Resnično, povem vam: Če se ne spreobrnete in ne postanete kakor otroci, nikakor ne pridete v nebeško kraljestvo!« (Mt 18,3).

Majhni otroci ne živijo deljenih življenj. Igrajo morda različne vloge v različnih igrah, odvisno od ure, toda v domu svojih staršev in njihovem svetu mirno ostanejo, kakršni so. Ko se od njih učimo, nam življenje duhovnega otroštva prinaša enotnost.

Duhovnost Dela je bogata v pobožnih navadah. Slišal sem, da je bila opisana kot »trinitarna«, »evharistična«, »kristocentrična« in »marijanska«. V resnici je zmes vseh teh vidikov – z zdravo mero angelologije povrhu –, to pa je možno, ker se vse začenja pri božjem posinovljenju, življenju otroštva. »Ta enotnost življenja, katere gonilna sila je navzočnost Boga, našega Očeta, more in mora biti vsakodnevna realnost,«[110] dodajajo ustanoviteljeve besede.

Ključ je božja pričujočnost. Bog nas vedno spremlja, če ga priznavamo ali ne. Vedno modro opazuje, pripravljen za pomoč, če ga le prosimo. Dejanje pričujočnosti in dejanje prošnje začrtujeta razliko med delom, ki je *naše*, in delom, ki je *božje*, med *opus nostrum* in *opus Dei*. Z našim delom minevajo ure, a z božjim prihaja kraljestvo. Slednje je mnogo bolj izpolnjujoče.

Načrt življenja, ki ga je Cerkvi zapustil sv. Jožefmarija, in duhovnost, ki jo je izžareval, je emblem njegovi vlogi »sejalca miru in ljubezni«. Kjer je enotnost v življenju, ni delitev ne notranjih konfliktov, notranje vedrine pa je veliko več. »Táko delo je molitev. Tako učenje je molitev. Tako raziskovanje je molitev. Nikdar ne izstopimo iz tega kroga: vse je molitev, vse nas more in mora peljati k Bogu, vzdrževati stalni stik z Njim, od zore do mraka. Vsako pošteno delo je lahko molitev; in vsako delo, ki je molitev, je apostolat. Na tak način se duša utrdi v edinosti preprostega in čvrstega življenja.«[111]

Dom je tam, kamor hoče srce

Božji otroci smo v večnem Sinu Boga, ki je hkrati sin Marije. Doma smo v Sveti Trojici in v sveti maši. Doma pa smo tudi v delavnici, kot je bil Jožef doma v svoji delavnici v Nazaretu. In seveda smo doma, ko smo doma.

To je eno življenje, preživeto z Bogom in v edinosti s Cerkvijo ter vsemi božjimi otroki. »Jezus ne dopušča te delitve: Nihče ne more služiti dvema gospodarjema; ali bo prvega sovražil in drugega ljubil ali pa se bo prvega držal in drugega zaničeval. Kristjan izbere izključno Boga, kadar v polnosti odgovori na njegov klic, in ta izbira ga vodi, da vse usmerja h Gospodu, hkrati pa bližnjemu daje vse, kar mu pripada v skladu s pravičnostjo.«[112]

11. POGLAVJE

Delavna mati

> Toda ... si videl, kako matere tega
> sveta razširjenih rok spremljajo svoje
> malčke, ko se ti opogumijo in brez
> vsakršne pomoči naredijo svoje prve
> korake? – Nisi sam: Marija je s tabo.
>
> —POT, ŠT. 900

Oče sezida hišo, toda mati ustvari dom.

Ko duhovniki Dela zaključujejo vodeno premišljevalno molitev, jo v posnemanju svetega Jožefmarija navadno sklenejo tako, da se obrnejo k sv. Mariji. Njena girlanda je spletena v celoten načrt življenja, od rožnega venca, molitve angel Gospodov in tedenskih antifon do letnih romanj. Verniki Dela in številni, ki sledijo njegovi duhovnosti, zaključijo svoje molitve z vzklikom: »Sveta Marija, naše upanje, sedež modrosti, prosi za nas!« ali »Sveta Marija, naše upanje, dekla Gospodova, prosi za nas!«

S tem, da nas imenuje svoje otroke, nam Bog brez zadržkov daje svoje življenje. Kar koli je dal svojemu edinorojenemu Sinu, daje sedaj »Cerkvi prvorojencev« (Heb 12,23).

Kot člani njegove družine smo »dediči pri Bogu, sodediči pa s Kristusom« (Rim 8,17), tako da si delimo vse, kar je Kristusovo. Delimo si njegov dom, Cerkev (glej Ef 2,19-20).

Delimo si njegovo ime, v katerem smo krščeni (glej Mt 28,18-20). Sedimo za njegovo mizo (1 Kor 10,21). Delimo si njegovo telo in kri (Heb 2,14).

Delimo si njegovo mater. Marija je mati Boga, ki je prišel na zemljo, da bi bil naš brat. Ona je Božja Mati in mati nas vseh.

Bog nas je privedel v svoj dom, družino. In družine navadno imajo matere – seveda ne vse, toda tisti, ki so jo izgubili, gotovo čutijo praznino.

»Šifra« Opus Dei ni nobena skrivnost. Niti ni nekaj temačnega ali prikritega. Božje otroštvo je. Otroci smo – otroci Boga, in ker smo božji otroci, smo tudi Marijini otroci.

Sv. Jožefmarija jo je častil, kot si zasluži, kot mater njegove male družine, ki je Opus Dei. Kajti tako kot sv. Jožef – predvsem pa, ker jo je Bog obvaroval greha – je v Delu podoba ljubezni, žrtve in občestva.

> Naša mati nam je vzor, kako odgovoriti na milost, in ko bomo opazovali njeno življenje, nas bo Gospod razsvetlil, da bomo znali posvetiti svoje običajno bivanje. [...]
>
> Najprej moramo posnemati njeno ljubezen. Ta ne ostane pri čustvih; preiti mora v besede in predvsem v dejanja. Marija ni samo rekla *fiat*, ampak je v vsakem trenutku izpolnila to trdno in nepreklicno odločitev. Tako tudi mi: ko nas bo spodbudila božja ljubezen in bomo spoznali, kaj On hoče, se moramo zavezati, da bomo zvesti in vdani, in to zares. Kajti »ne pojde v nebeško kraljestvo vsak, kdor mi pravi: Gospod,

Gospod, ampak kdor uresničuje voljo mojega Očeta, ki je v nebesih.«

Posnemati moramo Marijino naravno in nadnaravno eleganco. Marija je privilegirano bitje v zgodovini odrešenja: v njej je »Beseda postala meso in se naselila med nami«. Bila je nežna priča, ki je ostala neopažena; ni želela, da jo hvalijo, ker si ni prizadevala za lastno slavo. Marija je bila prisotna ob skrivnostih Sinovega otroštva, običajnih skrivnostih, če lahko tako rečem, v času velikih čudežev in slavljenja množic pa je izginila. V Jeruzalemu, ko Kristusa na osličku sprejmejo kot kralja, Marije ni zraven. Ponovno pa se pojavi ob križu, ko drugi zbežijo. Takšno ravnanje izraža, čeprav Marija tega ni iskala, veličino, globino in svetost njene duše.

Poskusimo se učiti od nje, tako da sledimo njenemu zgledu v poslušnosti Bogu, v prefinjenem prepletu služabništva in gospostva. Marija nima nič skupnega z odnosom neumnih devic, ki sicer ubogajo, a nepremišljeno. Naša Gospa pozorno posluša, kaj želi Bog, premisli, česar ne razume, vpraša, česar ne ve. Nato se vsa preda izpolnjevanju božje volje: »Glej, Gospodova služabnica sem, zgodi se mi po Tvoji besedi.« Kaj ni čudovito? Sveta Marija, ki vodi vse naše ravnanje, nas zdaj uči, da poslušnost Bogu ni suženjstvo, da ne podjarmi naše zavesti; nežno nas spodbuja, da odkrijemo »svobodo božjih otrok«.[113]

12. POGLAVJE

Malo več romantike

> Če lahko Ljubezen, celo človeška
> ljubezen, daje toliko tolažbe tukaj –
> kakšna je šele Ljubezen v nebesih?
>
> —POT, ŠT. 428

Še vedno pomnim trenutek, ko sem »zakapiral« Opus Dei. Do tedaj sem občudoval njegovo zvestobo krščanskemu nauku, načrt življenja, prijaznost in razumnost njegovih ljudi. Nisem pa povsem razumel, v čem je Opus Dei drugačen.

Ko se oziram nazaj, lahko vidim, da sem imel dobre izgovore za svoje nerazumevanje. Katoliška vera mi je bila nova. Bil sem raztresen – vse do anksioznosti. Novoodkrita vera je načenjala moj zakon. Čas, ki bi ga lahko posvečal izobraževanju o duhu Dela, sem porabljal za pripravo razlag o razlikah v katoliškem verovanju in navadah. »Vselej bodite vsakomur pripravljeni odgovoriti,« je pisal sv. Peter, »če vas vpraša za razlog« (1 Pt 3,15). Mislil sem si, da to velja še posebej, ko me za razlog vprašuje lastna žena.

Kimberly je bila (in še vedno je) elokventna in zelo dobro izobražena, globoko verna in goreča hči prezbiterijanskega pastorja. Magisterij je opravljala na eni najbolj cenjenih evangeličanskih teoloških šol v Ameriki. Vedela je, kaj je verovala in zakaj. Kot inteligentna in učena kalvinistka se je zavedala, zakaj je protestantka. Bistvo *protestantske* reformacije je bil *protest* proti določenim tradicionalnim katoliškim naukom in navadam. Kimberly je imela resne pomisleke o katolicizmu, vsaj kakor ga je dojemala. Bala se je, da me bodo moje marijanske pobožnosti odvrnile od Jezusa Kristusa. Bala se je, da so zakramentali praznoverje – in da je obračanje k svetnikom malikovanje.

Tako sem naredil, kar bi naredil vsak racionalist v takšni situaciji. Ure in ure sem pozorno raziskoval in oblikoval odgovore na njene ugovore, sestavljal argumente nanje in vadil, da bi jih mogel najbolje predstaviti.

Bil sem zares presenečen, ko se je moja strategija izkazala za neuspešno. S Kimberly sva ostajala pokonci vse do tretje ure zjutraj, doktrinalno debato pa nadaljevala pri zajtrku. Toda bolj ko so bili moji argumenti neizpodbitni, bolj se mi je zdelo, da jo odrivam stran – ne le od Katoliške cerkve, tudi od mene. Čez nekaj časa je začela odklanjati članke in knjige, ki sem ji jih priporočal v branje. Niti odstavka nekega članka o Devici Mariji ni želela prebrati. Opazil sem, da se je bala spregovoriti zaradi strahu, kam naju bo to pregovarjanje morda privedlo.

Nezadovoljen sem bil in strt. Obrnil sem se na prijatelja Gila, ki je bil mimogrede tudi član Dela. Boleče podrobno sem mu razlagal, kako zelo sem skušal predvideti Kimberlyjine pomisleke in na vse kar najbolje odgovoriti.

Gil je nekoliko trznil.

»Kaj?« sem ga vprašal. »Je kaj narobe?«

Pogledal me je res kakor brat in rekel: »A ne bi probal z manj apologetike in malo več romantike?«

Najprej sem bil skeptičen, nato pa sem za težavo povedal tudi spovedniku, duhovniku Dela, ki mi je dal presenetljivo podoben nasvet. Sporočilo ne bi moglo biti jasnejše: »Umiri se s teologijo, Scott, z ljubeznijo pa na polno!«

Ni se mi zdelo prav. Kot teolog naj bi se odrekel kraljici znanosti, najbolj plemenitemu cilju, ki sem ga poznal, zavoljo česa? Sveček in laskanja?

A strela je zadela dvakrat na isto mesto mojega srca, od dveh oseb, ki sem ju globoko spoštoval. Rekel sem si, da bom poskusil.

Najprej sem skušal ponovno odkriti skupne temelje najinega zakona in se osredotočiti na to, kar naju povezuje, ne oddaljuje. Spoznal sem, kako sem včasih, na primer, začenjal pogovore o najinih otrocih, ki so bili takrat še zelo majhni. Vedno sva se začela smejati in kot mlada starša ceniti majhna odkritja.

Sčasoma sva bila zmožna moliti skupaj, brez pričkanja ali draženja.

Delovalo je. Namesto da bi se trudil izdelati popoln argument, sem skušal biti boljši mož svoje žene, boljši oče svojih otrok, boljši sin svojih staršev in boljši do svojih sorodnikov.

Od učinka, ki ga je to imelo na najin zakon, se je kar kadilo. Podrobnosti vam bom prihranil. Samo izpostavil bi, da me je nekega dne Kimberly začela spraševati o veri. In ni bilo dolgo, preden je tudi ona želela biti sprejeta v polno občestvo Katoliške cerkve.

»Malo več romantike« je doseglo, česar ne bi vsilila nobena razprava.

In to je zame Opus Dei.

Preprost nasvet, »malo več romantike«, je bil poln duha Dela. Kaj mi je Gil dejansko sporočal?

Prvič, naj spoštujem svobodo svoje žene. (To je Opus Dei.)

Da milost gradi na naravi. (To je Opus Dei.)

Usmeril me je k sekularnosti, stran od nadležno klerikalnega pristopa k težavi. (To je Opus Dei.)

Poudaril je pomembnost (in privlačnost) običajnega družinskega življenja. (In vse to je Opus Dei.)

Vse to so posledice resnice v srcu Dela, ki je božje otroštvo. Gil me je vodil, da sem spregledal, da vse stvarstvo čaka na razodetje božjih otrok in veličastvo njihove svobode (glej Rim 8,19–21), ampak da bo razodeval Bog ob svojem času. Moja naloga je bila biti zvest v zavezi zakona na način, ki sem ga predolgo zanemarjal.

Ko sem se lahko pripravil do zaupanja, da je Kimberlyjino spreobrnjenje delo Boga, ne mene, sem jo lahko vzljubil še bolj, tako da je lahko to celo ona prepoznala.

Ljubiti kot Jakob

Nepričakovan uspeh doma je pustil otipljive posledice v mojem življenju. Gilov pristop sem začel uporabljati v svojih poklicnih prizadevanjih in molitvi. Seveda nisem sodelavk vabil na zmenke, sem pa »malo več romantike« vnesel v duhovno življenje.

Svetopisemska ponazoritev je tu na mestu. Pomislite na primer na zgodbo o Jakobu iz Prve Mojzesove knjige (1 Mz 29). Nekega dne je mladi mož srečal Rahelo, ki je imela »lepo postavo in lep obraz«. Bil je tako očaran, da je na glas zajokal.

Kmalu je stopil do njenega očeta Labána in ga prosil za Rahelino roko. Tako jo je ljubil, da mu je prisegel zanjo služiti sedem let. »Jakob je služil za Rahelo sedem let, toda ker jo je ljubil, so se mu zdela kakor nekaj dni« (20. vrstica). V nadaljevanju pa jih je moral zaradi Labanove premetenosti odslužiti še dodatnih sedem.

Opazite lahko, da Jakob zaradi tega ni tarnal v bridkosti. Tudi si ni čemerno zamišljal, kje vse bi lahko bil, namesto da pri nezaupljivem tastu po pašnikih priganja ovce. Služil je z veseljem, ker je bilo njegovo srce osredotočeno na cilj: ljubezen do Rahele. Ohranjal je duha služenja, ker je služil človeku, ki mu je lahko edini odprl vrata do cilja. V resnici pa je po vseh dogovorih in poroki pri Labanu služil še dodatnih sedem let iz hvaležnosti!

Veliko se imamo še naučiti, in ne mislim več na prijetnost domačega ognjišča. Govorim o nečem veliko večjem: našem cilju, da pridemo v nebesa.

Koliko let bi morali biti pripravljeni delati za dosego tega cilja? Sedem, štirinajst? Enaindvajset, sedemdeset? Nobena življenjska doba ne bi bila dovolj.

In koliko veselja bi moralo osvetljevati naša srca, ko delamo iz ljubezni do Boga? Koliko ljubezni in zvestobe bi morali imeti do nadrejenih in sodelavcev?

V Jakobu ni niti kančka *mistike »ko bi le«*. Ne sanjari o oddaljenem pokoju. Zaradi ljubezni se trudi in trudi, uro za uro in leto za letom, vse do sedmih let, ki so se mu zdela kakor nekaj dni.

Opus Dei me je naučil stremeti po ljubezni, iz kakršne je živel Jakob, ohranjati občutek dogodivščine v zakonu in vsakdanjem življenju, ostati pozoren na velik pomen običajnih pogovorov in prepoznati daljnosežne posledice spogledovanja – sploh če je usmerjeno k nebesom.

Vse to je resnično v redu milosti in narave. Božje Delo je delati z ljubeznijo in veseljem, dnevnim prilivanjem romantike v naš vsakdan. Ker Bog čaka na našo nežno ljubezen, kjer koli že smo in v vsakem trenutku.

Iz takšne romantike se ustvarja dom, v Cerkvi in svetu.

DODATEK 1

Sv. Jožefmarija in Sveto pismo

Pričujoči članek je bil objavljen v reviji *Romana: zbornik Prelature svetega Križa in Opus Dei*, 35 (julij–december 2002)

STRASTNO LJUBITI SVET:
SVETO PISMO V DELIH SV. JOŽEFMARIJA
Scott Hahn

Jožefmarija Escrivá (1902–1975) je v svetu najbolj znan po ustanovitvi Opus Dei in Duhovniške družbe svetega Križa. Verniki Cerkve ga poznajo predvsem po osebni svetosti in priprošnjiški moči, in tako ga je papež Janez Pavel II. 6. oktobra 2002 kanoniziral in s tem razglasil, da je vreden javnega češčenja in posnemanja po vsem svetu.

Do polnega razumevanja dosežkov sv. Jožefmarija in milosti, ki jih je prejel, lahko na nek način pridemo, ko opazujemo njegovo uporabo Svetega pisma. V Opus Dei je razvil globoko biblično duhovnost; in sam je na organizacijo gledal kot zgrajeno na trdnih svetopisemskih temeljih. V verjetno najbolj strnjenem izvlečku njegove duhovnosti, homiliji *Strastno ljubiti svet*, sv. Jožefmarija poudarja Sveto pismo kot svoj temeljni vir pričevanja: »Ta nauk iz Svetega pisma, predstavlja – kot veste – sámo jedro duha Opus Dei.« »To neprestano oznanjam z besedami Svetega pisma.«[114]

Rekel bi celo, da je bilo Sveto pismo za sv. Jožefmarija vedno jezik, na katerega se je skliceval. Čeprav je bil velik poznavalec del cerkvenih očetov in učiteljev, dobro podkovan v sholastični teologiji, in čeprav je bil na tekočem s trendi in sodobno teologijo, je bila Biblija tista, h kateri se je v svojih pridigah in delih vedno znova vračal. Biblija je bila tudi tista, h kateri je usmerjal svoje duhovne otroke v Opus Dei.

Jasno je razumel enotnost obeh zavez, stare in nove. Prerokbe stare zaveze, s tem ko so bile izpolnjene v novi, za sv. Jožefmarija niso izgubile vrednosti. Namesto tega so zasijale v novi in svetlejši luči. Izraelskih očakov in prerokov se ni obotavljal vzeti za duhovni zgled sodobnih kristjanov:

> Ko prejmeš Gospoda v evharistiji, se mu iz dna srca zahvali, ker je tako dober, da je s tabo.
> – Ali nisi nikdar razmišljal o tem, da so minevala stoletja in stoletja, preden je prišel Mesija? Očaki in preroki so prosili skupaj z vsem izraelskim ljudstvom: Zemlja je žejna, Gospod, pridi!
> – Ko bi le bilo takšno tudi tvoje pričakovanje ljubezni.[115]

Pogosto je navajal odlomke iz stare in nove zaveze, še posebej iz evangelijev, ki jim izročilo priznava prednosten položaj. Verjetno se nobene besede v njegovih delih in homilijah ne pojavijo pogosteje od tistih, s katerimi se obrača k svetim stranem: »kot nam govori evangelij«, »kot nam svetuje Sveto pismo«, »kot pričujejo evangeliji«, »spomnite se tiste evangeljske zgodbe« …

Kot omenja škof Álvaro del Portillo, najzvestejši sin sv. Jo-žefmarija, njegov spovednik in naslednik v Opus Dei: »Ved-no sem bil očaran nad lahkoto, s katero je na pamet povsem točno navajal Sveto pismo. Celo med vsakdanjimi pogovori je za izhodišče pogosto vzel kak relevanten odlomek, da bi nas navdihnil h globlji molitvi. Živel je od božje besede.«[116]

Sveto pismo kot merilo

Do ustanovitve Opus Dei je prišlo 2. oktobra 1928, ko je sv. Jožefmarija »videl« Božje delo (takrat še neimenovano) kot pot posvečevanja v običajnem delu in izpolnjevanju vsakda-njih krščanskih dolžnosti.

Kakšen je bil Opus Dei videti tedaj? Ne poznamo vizual-nih podrobnosti, lahko pa utelešeno Delo uzremo v ustano-viteljevih kasnejših delih. V njih je o Svetem pismu govoril kot o zanesljivem merilu za svoj način življenja, ki je bil »star kot evangelij in kot evangelij nov«.[117] Na začetku svojega pro-dornega dela *Pot* je zapisal: »Naj bodo tvoja dejanja in besede takšne, da bodo vsi, ko te bodo videli ali slišali, rekli: ta pre-bira življenje Jezusa Kristusa.«[118] Po drugi strani je o tistih, ki ne živijo krščanske ljubezni, dejal: »Zdi se, da niso brali evangelija.«[119]

Branje evangelijev in Svetega pisma nasploh je osvetljeval s posebno ustanovitveno karizmo, ki ga je vodila k obliko-vanju misli, ki so bile pred tem v teologiji prezrte. Znan je po novih in ponovno odkritih poudarkih nekaterih svetopi-semskih sporočil: vsesplošna poklicanost k svetosti, na pri-mer, in posvečevanje običajnega življenja. Vedno znova so ga evangeljski namigi o nedoumljivih Jezusovih tridesetih letih skritega življenja vabili h kontemplaciji. Celo v tem relativnem molku je našel vzor za »skrito življenje« običajnih ljudi, ki delajo v svetu.

Preučevanje Svetega pisma je bilo za njegovo osebno duhovnost in program, ki ga je razvil za člane Opus Dei, ključno. Domneval je, da Sveto pismo bralce ne vodi samo do spoznavanja Jezusa, temveč jim daje moč, da ga posnemajo. »V našem življenju moramo obnoviti Kristusovo življenje, tako da ga spoznavamo: z branjem in premišljevanjem Svetega pisma.«[120]

Njegova metoda

Sv. Jožefmarija je prakticiral in učil poseben način pristopanja k Svetemu pismu v molitvi. Gre za pot, ki je bolj intenzivna kakor temeljita. Škof del Portillo se je spominjal, da je ustanovitelj »nenehno izkazoval neverjetno globoko spoštovanje do Svetega pisma. Bibilja je bila poleg izročila Cerkve vir, iz katerega je neprekinjeno zajemal snov za osebno molitev in nagovore. Dnevno je prebiral nekaj strani – približno eno poglavje – Svetega pisma, navadno Nove zaveze.«[121]

Navado dnevnega branja Nove zaveze, približno pet minut, je sv. Jožefmarija naročil vsakomur, ki ga je duhovno usmerjal. Bodril jih je, naj med branjem domišljijsko vstopijo v svetopisemske prizore, kot če bi prevzeli vlogo enega od likov ali očividcev. »Tiste dnevne minute branja Nove zaveze, ki sem ti jih svetoval – ko vstopiš v vsak prizor in si deležen njegove vsebine kot še ena oseba več – so namenjene temu, da utelesiš, da 'izpolniš' evangelij v svojem življenju ... in da ga 'pomagaš izpolnjevati'.«[122]

Na drugih mestih je idejo razvil še naprej, ponovno s poudarkom na trudu, da domišljijsko predstavljanje postane skorajda čutno izkustvo:

> Pogosto se pomešajte med osebe iz Nove zaveze. Okušajte tiste ganljive prizore, v katerih Učitelj deluje z božjimi in človeškimi dejanji ali pa s človeškimi in božanskimi izrazi pripoveduje vzvišeno zgodbo o odpuščanju, zgodbo o njegovi neprekinjeni ljubezni do njegovih otrok. Ti odsevi nebes se obnavljajo tudi sedaj, v večni aktualnosti evangelija: božjo zaščito občutimo, jo opazimo, lahko celo trdimo, da se je dotikamo z rokami.[123]

Moč za preobrazbo

Čeprav mu je dejansko branje vzelo le pet minut na dan, pa njegova meditacija Svetega pisma ni bila omejena le na teh nekaj trenutkov. S Svetim pismom je molil tudi pri svoji vsakodnevni maši in brevirju. Za duhovno branje je pogosto uporabljal svetopisemske komentarje cerkvenih očetov. Zares je vztrajal pri tem, da mora kristjanova osebna meditacija Svetega pisma hraniti njegovo premišljevalno molitev, pa tudi spontano molitev, ki napolnjuje ves njegov dan. »Kajti to [Jezusovo življenje] moramo dobro poznati in ga v celoti imeti v glavi in srcu, da ga lahko v vsakem trenutku, brez pomoči knjige in z zaprtimi očmi, zremo kot v filmu. Tako se bomo v različnih okoliščinah svojega življenja vedno spomnili besed in dejanj Gospoda.«[124]

Z branjem Svetega pisma potem pride milost preobrazbe, spreobrnjenja. Branje Biblije ni pasivno dejanje, temveč aktivno iskanje in odkrivanje. »Če bomo tako delali in ne postavljali ovir, bodo Kristusove besede dosegle dno naše duše in duha in nas preobrazile. 'Božja beseda je namreč živa in silovita, ostrejša kot vsak dvorezen meč in zareže do ločitve duše in duha, sklepov in mozga ter presoja vzgibe in misli srca' (Heb 4,12).«[125]

Božje otroštvo in razodeta beseda

V jedru sporočila Opus Dei je ena sama misel. Sv. Jožefmarija je dejal: »Božje otroštvo je temelj duha Opus Dei. Vsi ljudje so božji otroci.«[126] Svoje lastno božje sinovstvo je sv. Jožefmarija izkusil na mističen način nekega dne leta 1931, ko se je v Madridu peljal s tramvajem. V tistem trenutku »je na izrecen, jasen, dokončen način«[127] začutil dejstvo, da je božji otrok, in stopil je s tramvaja jecljajoč: »Abba, Pater! Abba, Pater!« (prim. Gal 4,6).

Ta izkušnja je močno vplivala na njegovo nadaljnje razmišljanje, pridiganje, pisanje in molitev. Celoten krščanski nauk, tako je verjel, more in mora biti obravnavan v luči te resnice. Najmočnejši primer božje očetovske skrbi pa najdemo, ko premišljujemo o tem, da je zgodovina odrešenja zgodba o očetovskem načrtu Boga za podelitev božjega otroštva vsem ljudem.

Številni cerkveni očetje, predvsem sv. Janez Zlatousti, so o božjem razodetju govorili v smislu »prilagajanja« in »sestopanja«, ki ju je Zlatousti razumel kot očetovsko dejanje. Da bi se razodel, se Bog prilagodi človeku, kakor se človeški oče skloni, da bi pogledal svojemu otroku v oči. Kakor se človeški oče včasih zateče k »otroškemu govoru«, Bog včasih komunicira tako, da *sestopi* na človeško raven – to pomeni, da govori, kot bi govorili ljudje, v človeškem jeziku, kot da bi imel iste strasti in slabosti. Tako v Svetem pismu beremo, da se Bog »kesa« svojih odločitev, čeprav Bog zagotovo nikoli ne potrebuje kesanja.

Vendar pa se človeški očetje ne le sklanjajo k svojim otrokom, ampak jih tudi dvigajo, da bi se mogli obnašati na ravni odraslih. Na podoben način tudi Bog včasih sporoča s povzdigovanjem – to se pravi, da svoje otroke dvigne na božjo raven in navadnim človeškim besedam podeli božansko moč (kot je bilo v primeru prerokov).

Opirajoč se na božjo očetovsko skrb je sv. Jožefmarija zaupal besedam Svetega pisma, kot bi zaupal besedam svojega očeta. Njegovo sinovsko zaupanje je zgled stalnega krščanskega verovanja, da so »knjige stare in nove zaveze *v celoti z vsemi njihovimi deli* […] svete in kanonične, in sicer zaradi tega, ker so napisane po navdihnjenju Svetega Duha in imajo torej Boga za avtorja […]. Ker moramo torej vse to, kar trdijo navdihnjeni avtorji ali hagiografi, imeti za trditev Svetega Duha, moramo izpovedovati, da svetopisemske knjige zanesljivo, zvesto in brez zmote učijo resnico, ki jo je Bog hotel imeti zaradi našega zveličanja zapisano v Svetem pismu.«[128]

Škof del Portillo se je spominjal, da je sv. Jožefmarija izžareval zaupanje v božji izvor Svetega pisma, ne le ko je pridigal in pisal, ampak tudi v vsakdanjem pogovoru. »Znak njegovega globokega spoštovanja do Svetega pisma je bila njegova navada, da je svoje citate uvajal z besedami: 'Sveti Duh pravi ...' To ni bil samo način govorjenja, ampak tudi srčno dejanje vere, ki nam je pomagalo zares občutiti večno veljavnost in trdno težo resnice v ozadju izrazov, ki bi sicer lahko zveneli preveč domače.«[129]

Dobesedni in duhovni pomen

Sv. Jožefmarija je polagal ogromen poudarek na domišljijsko usvojitev majhnih detajlov v evangeljskih prizorih. Nobena beseda mu ni bila odveč; nobena malenkost tako majhna, da bi bila nepomembna. Po njegovem mnenju Sveti Duh ni zapravljal besed.

A skrb za dobesedni in zgodovinski pomen ga ni odvrnila od »duhovnega« pomena Svetega pisma. Cerkev je namreč od nekdaj interpretirala svetopisemska besedila hkrati kot *dobesedno* resnična in kot *duhovna* znamenja Kristusa, nebes ali moralnih resnic.[130] Čeprav ni sv. Jožefmarija nikoli uporabljal terminologije »dobesedna eksegeza« ali »duhovna eksegeza«, se je uveljavil kot eden velikih eksegetov svojega časa. Strinjam se s kardinalom Parentejem, ki je dejal, da svetopisemski komentarji sv. Jožefmarija odsevajo »globino in neposrednost, ki pogosto prekaša celo dela cerkvenih očetov«.[131]

Navedel bi lahko številne primere. Pomislite na primer na tale strnjen povzetek iz *Poti:* »Kot dobri Noetovi sinovi, prekrij z ogrinjalom usmiljenja napake, ki bi jih videl pri svojem očetu duhovniku.«[132] Sv. Jožefmarija obudi prizor Noetove sramotne vinjenosti (1 Mz 9,20-23) in iz njega izpelje izredno moralno sporočilo za sodobno življenje v Cerkvi. To je duhovna eksegeza v svoji najbolj strnjeni in prodorni obliki. V eni sami vrstici se od starozaveznih prednikov naučimo, zakaj se ne bi smeli javno spotikati ob duhovnikih, ki jim v veri pravimo »očetje«.

Drug presunljiv primer ustanoviteljeve duhovne eksegeze se nanaša na primerjavo med grehi kristjanov in pripravljenostjo svetopisemskega Ezava, da svoje prvorojenstvo zamenja za krožnik leče (1 Mz 25,29-34). Za kratkotrajne užitke so se takšni kristjani pripravljeni odtujiti od Boga in celo zavreči nebesa.

Sv. Jožefmarija je brez obotavljanja aktualiziral svetopisemska besedila s primeri iz sodobnega življenja, kar ga postavlja ob bok z velikimi eksegezami svetnikov, od sv. Avguština, Janeza Zlatoustega in Antona Padovanskega do Jacquesa Bossueta. Poznavalci takšno obširno zmožnost interpretacije imenujejo »usvojitev duhovnega pomena«.

Še vedno pa nobeden od teh duhovnih vpogledov ne izpodrine dobesedne in zgodovinske resnice svetopisemskih besedil, ki jih je sv. Jožefmarija tako cenil. Po besedah sv. Tomaža Akvinskega »vsi pomeni Svetega pisma temeljijo na dobesednem pomenu«.[133]

Da bi položil trdne temelje, je torej sv. Jožefmarija pozorno naštudiral, kaj je svetopisemska znanost lahko povedala o kulturnem miljeju starega Izraela in Rimskega imperija iz Jezusovega časa. Njegove homilije o Kristusovem pasijonu, na primer, kažejo na to, da je bil seznanjen z zgodovinskimi študijami o rimskih metodah križanja. Homilije o sv. Jožefu pa izkazujejo pristno zanimanje ne samo za filologijo, ampak tudi za običaje izraelskih družin, njihovo življenje in delo.

Občasno je sv. Jožefmarija prejel izredna, nadnaravna razsvetljenja, ki so mu razkrila poseben pomen nekega svetopisemskega besedila. Zapisal je, da se mu je na praznik Jezusove spremenitve leta 1931 med maševanjem zgodilo naslednje:

> Medtem ko sem povzdigoval hostijo, je prišel še *en glas*, brez hrupa besed. Glas, ki je bil kot vedno popoln, jasen: *Et ego si exaltatus fuero a terra, omnia traham ad me ipsum!* (Jn 12,32). In še natančna ideja: Ne v tistem smislu, s katerim te besede izreka Sveto pismo; to ti pravim v smislu, da me postavite na vrh vseh človeških dejavnosti; da bodo vsepovsod po svetu navzoči kristjani z osebno in nadvse svobodno predanostjo, ki bodo drugi Kristusi.[134]

Ta nenaden vpogled je imel globok vpliv na nadaljnji razvoj Dela. Da je prišel od Boga, je gotovo. Toda kot vedno milost gradi na naravi in jo izpopolnjuje. Kar sv. Jožefmarija opisuje, je jasno trenutek vlite kontemplacije – a takšne, ki trdno stoji na vztrajnem in urejenem *življenju* premišljevanja Svetega pisma.

Spomnim se le malo anekdot, ki bi tako nazorno ilustrirale idejo, izraženo v dokumentu Papeške biblične komisije iz leta 1993 z naslovom *Interpretacija Svetega pisma v Cerkvi*: »Tudi danes prihajajo kristjani v stik s Svetim pismom predvsem v bogoslužju. [...] V bogoslužju na splošno, posebno pa v zakramentalnem bogoslužju, katerega vrhunec je evharistično slavje, se uresničuje popolna aktualizacija bibličnih besedil. [...] Kristus je tedaj 'navzoč v svoji besedi, ker govori on, ko se v Cerkvi bere Sveto pismo' (*Konstitucija o svetem bogoslužju*, 7). Zapisano besedilo tako postaja znova živa beseda.«[135]

Besedilo in sobesedilo

Sv. Jožefmarija je Sveto pismo študiral zelo resno. Vedel pa je, da pomen besedil v njem ni očiten oziroma jasen sam po sebi. In čeprav ga je Bog včasih nadnaravno razsvetlil, je ustanovitelj vedel, da so to povsem izredni pojavi – pristop k razumevanju besedil je navadno drugačen.

Če se ni naslonil na svoja razsvetljenja ali mistična doživetja, kam se je navadno obrnil med svojim preučevanjem Svetega pisma? Ozrl se je na Cerkev in njeno živo izročilo, katerega »sodobne priče«[136] so vedno cerkveni očetje. Bežen pogled na katero koli knjigo njegovih pridig bo razkril njegovo osebno povezanost z deli sv. Hieronima, sv. Bazilija, sv. Avguština, sv. Tomaža Akvinskega.

Sv. Jožefmarija je vse svoje svetopisemske vpoglede – celo tiste, za katere je verjel, da so navdihnjeni od Boga – presodil v luči zapisov cerkvenih očetov, papežev in koncilskih odlokov. Dobro se je namreč zavedal nevarnosti, ki je prežala v prevelikem zanašanju na osebno razlaganje Svetega pisma. Opozorilo o tem je našel celo v Svetem pismu samem! Na prvo postno nedeljo 1952 je premišljeval o prekanjenih načinih, s katerimi je Satan v puščavi skušal Jezusa:

Dobro je premišljevati o načinu, kako je Satan skušal našega Gospoda Jezusa Kristusa: svoje besede utemeljuje z besedili iz svetih knjig, jih izkrivlja, in bogokletno iznakazi njihov pomen. Jezus se ne pusti zavesti, Beseda, ki je meso postala, dobro pozna Božjo besedo, zapisano za odrešenje ljudi, ne pa za ustvarjanje zmede in obsodbo. Kdor je z Jezusom

Kristusom združen v ljubezni, lahko zaključimo, se
ne bo nikdar pustil prevarati zahrbtnemu izrabljanju
Svetega pisma, ker ve, da je skušati zmesti krščansko
prepričanje običajno hudičevo delo, pri čemer
zvijačno uporablja besede neskončne Modrosti in se
trudi – iz luči – napraviti temo.[137]

Babilonsko nasprotujoče si interpretacije današnjega časa
nam kažejo, da se Satanove metode po dveh tisočletjih niso
dosti spremenile. Sredi zmede izstopa sv. Jožefmarija kot
vzor inteligentne in hkrati otroške vere. Medtem ko so se
številni krščanski razlagalci dvajsetega stoletja umaknili v
agnosticizem in nerelevantnost, je sv. Jožefmarija rasel ob
celostnem in kritično poučenem zaupanju v Sveto pismo in
Cerkev kot njegovo nezmotljivo razlagalko.

Zapuščino tega lahko vidimo, otipljemo in študiramo v
Svetem pismu Univerze v Navari, katerega pripravo je spod-
budil. Projekt Navarske izdaje Svetega pisma se je začel na
začetku sedemdesetih v Španiji, zajema pa zanesljiv in čudo-
vit prevod besedil s številnimi citati koncilskih dokumentov,
cerkvenih očetov in učiteljev. Projekt je neteologom in obi-
čajnim vernikom omogočil, da Sveto pismo vzljubijo kakor
sv. Jožefmarija in so ob njem obogateni kakor on.

Sveto pismo in njegovo mesto

Sv. Jožefmarija svojega najglobljega srečanja s Svetim pis-
mom ni doživel ob študiju ali nagovorih, temveč v liturgi-
ji. Kot očetje drugega vatikanskega koncila je sveto mašo
videl kot priložnost *par excellence* za srečanje z Jezusom

Kristusom v »kruhu in besedi«. Sveta maša, katere del je besedno bogoslužje, je za sv. Jožefmarija »korenina in središče« notranjega življenja.

Njegove homilije, ki so polne navedkov in navezav iz obeh svetopisemskih zavez, so vedno osredinjene glede na liturgični čas, posebej pa na dnevno božjo besedo. Mašo je dojemal kot nadnaravni dom svojih homilij:

> Pravkar smo poslušali slovesno branje dveh odlomkov iz Svetega pisma, ki sta predvidena za mašo na 21. nedeljo po binkoštih. Poslušanje božje besede vas že postavlja v okolje, kamor vas želijo voditi te moje besede, s katerimi se obračam na vas, besede duhovnika, ki jih izgovarja pred veliko družino božjih otrok v njegovi sveti Cerkvi. Besede, torej, ki hočejo biti nadnaravne, glasnice veličine Boga in njegovega usmiljenja do ljudi; besede, ki vas pripravljajo na čudovito evharistično daritev.[138]

Kot cerkveni očetje in očetje drugega vatikanskega koncila je sv. Jožefmarija mašo razumel kot posebej milosten trenutek sprejemanja božje besede.

Navdihi, ki jih prejmemo ob besednem bogoslužju, morajo biti globoki in trajni: »Sedaj poslušamo besede iz Svetega pisma, berilo in evangelij, Tolažnikovo luč, ki nam govori s človeškimi glasovi, da bi naš razum spoznal in razmišljal, da bi se naša volja okrepila in dejanje izpolnilo.«[139]

Krepostni razlagalec

S kanonizacijo je Cerkev Jožefmarija Escrivája postavila za vrednega posnemanja. Nobenega dvoma ni, da mora posnemanje zajemati tudi intenzivno preučevanje Svetega pisma, meditativno branje Svetega pisma in disciplinirano molitev Svetega pisma. Njegov dnevni urnik je temu priča. »Načrt življenja«, ki mu je sledil – in ga izročil svojim otrokom v Opus Dei – je poln svetopisemskih navedkov.

Kar je zanj jasno v središču, je srečanje z Jezusom Kristusom, poistovetenje z njim vse do točke, da postanemo *ipse Christus*, sam Kristus. Cilj moramo doseči z nekaterimi določenimi sredstvi, med katerimi je premišljevalno branje evangelijev. Zato nekdo ne more razumeti ali živeti poklica v Opus Dei, ne da bi vsaj stremel k visoki stopnji poznavanja Svetega pisma.

Čeprav je večino svojega življenja preživel pred drugim vatikanskim koncilom, je sv. Jožefmarija slutil veliko njegovih sporočil, zlasti poudarek na vsesplošni poklicanosti k svetosti in apostolatu, kar je bil »slogan« Opus Dei vse od leta 1928. Verjamem, da je bil posebej uglašen z naukom Cerkve o Svetem pismu – z njegovo resnico, avtoriteto, navdihom in nezmotljivostjo – ki je bil robustno izražen v koncilskem dokumentu *Dogmatična konstitucija o božjem razodetju* (*Dei Verbum*).

Kot številni laiki iščejo soprogine najboljše lastnosti, opisane v »vrli ženi« Knjige pregovorov (31), tako tudi jaz vidim sv. Jožefmarija, ki mi je duhovni oče, v besedah konstitucije *Dei verbum*, št. 25. Tam koncilski očetje nudijo svoj pogled na idealnega duhovnika. Ko zaključujem, naj si upam z njihovimi besedami opisati sv. Jožefmarija in številne duhovnike, ki so mu sledili v Opus Dei in Duhovniški družbi svetega Križa.

Neprestano gojijo »duhovno branje in temeljito preučevanje Svetega pisma«.

Skrbijo, »da ne bi kdo od njih postal prazen oznanjevalec božje besede na zunaj, ne da bi bil poslušalec na znotraj«.

Prizadevajo si, »posebno v svetem bogoslužju, deliti neizmerno bogastvo božje besede z verniki«.

»S pogostim branjem Svetega pisma [si] pridobijo 'vzvišeno spoznanje Kristusa Jezusa' (Flp 3,8).«

»Radi [se] poglabljajo v sveto besedilo samo, bodisi pri svetem bogoslužju, ki je prepojeno s svetopisemskimi besedami, bodisi s pobožnim branjem ali pa tudi v ustreznih ustanovah in z drugimi pripomočki.«

Nazadnje pa se spominjajo, da mora »branje Svetega pisma spremljati molitev, da to branje postane pogovor med človekom in Bogom,« kajti po besedah sv. Ambroža, »njega nagovarjamo, kadar molimo; njega poslušamo, kadar beremo božje izreke«.

Nekatere molitve sv. Jožefmarija

Duhovno obhajilo

Želim te sprejeti, Gospod, s čistostjo, ponižnostjo in pobožnostjo, s katero te je sprejela tvoja presveta Mati, z duhom in gorečnostjo svetnikov.

Molitev k Svetemu Duhu

Pridi, Sveti Duh! Razsvêtli moj razum, da bom spoznal tvoje zapovedi. Okrêpi mi srce zoper sovražnikove zvijače, vžgi mojo voljo …

Slišal sem tvoj glas in nočem se zakrkniti ter se upirati z besedami: kasneje …, jutri. *Nunc coepi!* Zdaj! Naj se ne zgodi, da jutrišnjega dne zame ne bi bilo.

O, Duh resnice in modrosti, Duh umnosti in svéta, Duh radosti in miru! Hočem, kar hočeš; hočem, ker hočeš; hočem, kakor hočeš; hočem, kadar hočeš …

Uvod in zaključek premišljevalne molitve

Na začetku: Moj Gospod in moj Bog, trdno verujem, da si tukaj, da me vidiš, da me slišiš. Častim te v globoki predanosti. Prosim te odpuščanja za svoje grehe in milosti, da bi ta molitev obrodila sadove. Mati moja Brezmadežna, sveti Jožef, moj oče in gospod, moj angel varuh, posredujte zame.

Na koncu: Hvala ti, moj Bog, za dobre sklepe, nagnjenja in navdihe, ki si mi jih naklonil v tej meditaciji. Pomagaj mi, da jih prenesem v dejanja. Mati moja Brezmadežna, sveti Jožef, moj oče in gospod, moj angel varuh, posredujte zame.

Sprejetje božje volje

Naj se zgodi, naj se izpolni, naj bo hvaljena in vekomaj poveličevana, najpravičnejša in najljubeznivejša božja volja nad vsemi stvarmi. Amen. Amen.

Molitev k Jezusu Kristusu

Gospod, daj nam svojo milost. Odpri nam vrata delavnice v Nazaretu, da se bomo naučili opazovati Tebe s tvojo Materjo sveto Marijo in z očakom svetim Jožefom – ki ga tako ljubim in častim – kako se vsi trije posvečajo življenju svetega dela. Naša uboga srca se bodo zganila, iskali te bomo in te našli pri vsakdanjem delu, za katerega Ti želiš, da ga spreminjamo v božje delo, delo Ljubezni.

—BOŽJI PRIJATELJI, ŠT. 72

Gospod, s tvojo pomočjo si bom prizadeval, da se ne bom ustavljal, zvesto bom odgovarjal na tvoja povabila, brez strahu pred strmim vzpenjanjem in pred navidezno enoličnostjo običajnega dela, pred bodičjem in ostrim kamenjem na poti. Vem, da me podpira tvoje usmiljenje in da bom na koncu našel večno srečo, veselje in ljubezen za vso večnost.

—BOŽJI PRIJATELJI, ŠT. 131

Gospod, hvala za te trde roke. Hvala za te močne roke. Hvala za to nežno in močno srce. Hotel sem se ti zahvaliti tudi za moje zmote! Ne, ti jih nočeš! Vendar jih razumeš, jih opravičiš, jih odpustiš.

—BOŽJI PRIJATELJI, ŠT. 148

Molitev k Devici Mariji

Sveta Marija, Morska zvezda, Zgodnja danica, pomagaj svojim otrokom. Naša gorečnost za duše ne sme imeti meja, saj nihče ni izvzet iz Kristusove ljubezni. Trije kralji so bili prvi med pogani; po odrešenju pa ni ne Juda ne Grka, ni ne sužnja ne svobodnjaka, ni ne moškega ne ženske – nobene diskriminacije – kajti vsi ste eden v Kristusu Jezusu.

—JEZUS PRIHAJA MIMO, ŠT. 38

Cor Mariae dulcissimum, iter para tutum; presladko Marijino Srce, daj nam moč in gotovost na naši zemeljski poti; bodi ti sama naša vodnica, ker poznaš pot in zanesljivo bližnjico, ki po tvoji ljubezni vodita k ljubezni Jezusa Kristusa.

—JEZUS PRIHAJA MIMO, ŠT. 178

Nasvet o izročanju dela Bogu

Ustopi se pred Gospoda in mu zaupaj: niti najmanj se mi ne da ukvarjati s tem, vendar bom to izročil zate. In zares zavihaj rokave ter opravi to delo, čeprav misliš, da je komedija.

Blažena komedija! Zagotavljam ti: to ni hinavščina, kajti hinavci za svoje pantomime potrebujejo gledalce. Gledalci te naše komedije pa so – dovoli mi, da ti še enkrat ponovim – Oče, Sin in Sveti Duh; presveta Devica Marija, sveti Jožef ter vsi angeli in svetniki nebes.

—BOŽJI PRIJATELJI, ŠT. 152

Molitev k sv. Jožefmariju

Bog, ki si po posredovanju presvete Device Marije podelil duhovniku svetemu Jožefmariju neštete milosti in ga izbral kot zvesto orodje za ustanovitev Opus Dei, poti posvečevanja v poklicnem delu in izpolnjevanju običajnih kristjanovih dolžnosti, daj, da bom tudi jaz znal preoblikovati vse trenutke in okoliščine svojega življenja v priložnosti, da te ljubim in da z veseljem in preprostostjo služim Cerkvi, papežu in vsem ljudem, tako da razsvetljujem zemeljske poti z lučjo vere in ljubezni. Po priprošnji svetega Jožefmarija mi podeli milost, za katero te prosim: ... (navedite prošnjo). Amen.

Oče naš, Zdrava Marija, Slava Očetu.

Viri

Nekatera dela sv. Jožefmarija sem navajal tako pogosto, da se mi je zdelo najustrezneje, da jih v opombah navedem samo po naslovu in številki razdelka. Zato ta dela nimajo navedenih strani, številčenje razdelkov pa je enako v vseh izdajah.

Ustanoviteljeva dela in informacije o njih so na voljo tudi na spletišču www.escriva.org.

Božji prijatelji, Celjska Mohorjeva družba, Celje, 2014

Brazda, Ognjišče, Koper, 2015

Jezus prihaja mimo, Celjska Mohorjeva družba, Celje, 2008

Kovačnica, Ognjišče, Koper, 2018

Križev pot, Družina, Ljubljana, 2010

Pot, Ognjišče, Koper, 2005

Sveti rožni venec, Družina, Ljubljana, 2009

Opombe

1. POGLAVJE • OSEBEN UVOD

1   *Misal za beatifikacijo Jožefmarija Escrivája in Jožefine Bakhita*, Tipografia Vaticana, Vatikan, 1992, str. 20.

2   *Zasebni zapiski*, št. 35, v: J. L. Illanes, *Work, Justice, Charity*, v: *Holiness and the World*, ur. M. Belda et al., Scepter, Princeton, 1997, str. 211.

3   Andrés Vázquez de Prada, *Ustanovitelj Opus Dei*, 1. knjiga, str. 437.

4   Prav tam, str. 345.

2. POGLAVJE • SKRIVNOST OPUS DEI

5   Ta anekdota je del ustnega izročila v Opus Dei. Na kratko jo opisuje Peter Berglar v svoji knjigi *Opus Dei: Life and Work of Its Founder, Josemaría Escrivá*, Scepter, Princeton, 1993, str. 75.

6   Andrés Vázquez de Prada, *Ustanovitelj Opus Dei*, 1. knjiga, str. 353.

7   Prav tam.

8   *Jezus prihaja mimo*, št. 64.

9   Andrés Vázquez de Prada, *Ustanovitelj Opus Dei*, 1. knjiga, str. 355.

10 Prim. *Pogovori z msgr. Escrivájem*, št. 24.

11 *Katekizem Katoliške cerkve*, št. 654.

12 V hebrejščini, grščini in drugih starodavnih jezikih ista beseda pomeni »duh«, »dih« in »veter«.

13 Prim. *Is Man to Become God? On the Meaning of the Christian Doctrine of Deification*, v: Christoph Schönborn, *From Death to Life: The Christian Journey*, Ignatius, San Francisco, 1995, str. 41–63.

14 *Križev pot*, 14. postaja.

15 *Jezus prihaja mimo*, št. 8.

3. POGLAVJE • KATOLIŠKA DELOVNA ETIKA

16 *Božji prijatelji*, št. 57.

17 C. F. D. Moule, *The Birth of the New Testament*, Harper & Row, San Francisco, 1981, str. 43.

18 *Strastno ljubiti svet*, v: *Pogovori z msgr. Escrivájem*, št. 114.

19 *Pot*, št. 208.

20 Gre za priredbo besedila, ki jo je John Michael Talbot uporabil v skladbi *St. Theresa's Prayer* (*The John Michael Talbot Collection*, Sparrow, 1995).

4. POGLAVJE • DELO IN CERKEV

21 Pedro Rodríguez et al., *Opus Dei and the Church*, Four Courts, Dublin, 1994, str. 34.

22 Prav tam, str. 10.

23 *Pogovori z msgr. Escrivájem*, št. 112.

24 Prav tam, št. 66.

25 Citirano v: Rodríguez et al., *Opus Dei and the Church*, str. 1.

26 Prav tam, str. 32.

27 *Pogovori z msgr. Escrivájem*, št. 21. Sv. Jožefmarija tukaj navaja besede, ki jih je zapisal leta 1932.

28 Razlikovanje med posvečenimi duhovniki in laiškimi verniki se ne nanaša samo na funkcijo; pomeni drugačen način deležnosti pri Kristusovem duhovništvu. Ne gre le za vprašanje stopnje, ampak bistva (prim. Drugi vatikanski koncil, *Lumen gentium*, št. 10).

29 John L. Allen, *Opus Dei*, Doubleday, New York, 2005, str. 38.

30 V zvezi s pogledom sv. Hieronima na zakon glej njegovo pismo (22, 20–21) Evstohiji:»Hvalim ženitev, hvalim zakon, to pa zato, ker mi rodi device.«

31 Citirano v: Rodríguez et al., *Opus Dei and the Church*, str. 2.

32 Janez Pavel II., apost. konst. *Ut sit*, 28. 11. 1982.

33 Rodríguez et al., *Opus Dei and the Church*, str. 37.

34 Prav tam, str. 38

35 *Pismo 8*, št. 1.

36 François Gondrand, *Al paso de Dios*, Rialp, Madrid, 1985, str. 107.

37 Rodríguez et al., *Opus Dei and the Church*.

5. POGLAVJE • DELO IN ČAŠČENJE: NAČRT ŽIVLJENJA

38   James Watson, nagovor na Svetovnem gospodarskem forumu leta 1990, v: Richard John Neuhaus, *The Excitable dr. Watson*; *First Things* (junij–julij 1990), str. 67.

39   *Brazda*, št. 502.

40   Prav tam, št. 514.

41   Prav tam, št. 994.

42   *Strastno ljubiti svet*, v: *Pogovori z msgr. Escrivájem*, št. 113.

43   Prav tam.

44   Javier Echevarría, *El trabajo ordinario, llevado al altar*. Članek objavljen v: *Avvenire*, Milano, 31. 10. 2005.

45   *Kovačnica*, št. 69.

46   Drugi vatikanski koncil, *Lumen gentium*, št. 34.

6. POGLAVJE • MERITI VISOKO

47   *Brazda*, št. 625.

48   Drugi vatikanski koncil, *Lumen gentium*, št. 42.

49   Prav tam.

50   Drugi vatikanski koncil, *Gaudium et spes*, št. 34.

51   *Brazda*, št. 976.

52   *Pot*, št. 822.

53   Benjamin Franklin, *Poor Richard's Almanack*, junij 1758, v: *The Complete Poor Richard Almanacks*, (Barre, Mass: Imprint Society, 1970), str. 375 in 377. Na Franklinov aforizem nekoliko spominja misel v knjigi sv. Jožefmarija, *Pot* (št. 830), kjer ustanovitelj govori o vsakem posameznem verniku kot »majhnem vijaku v tem velikem Kristusovem podjetju«.

54   *Božji prijatelji*, št. 221.

55   *Strastno ljubiti svet*, v: *Pogovori z msgr. Escrivájem*, št. 116.

56   *Brazda*, št. 701.

57   Citirano iz avtorjeve zasebne korespondence.

58   *Pot*, št. 823.

59   *Kompendij družbenega nauka Cerkve*, št. 336.

60   Prav tam, št. 265.

7. POGLAVJE • PRIJATELJSTVO IN ZAUPNOST

61 O tem, kako je sv. Jožefmarija iskal navdiha pri prvih kristjanih, glej npr. *Pot*, št. 971, in *Božji prijatelji*, št. 225. Odlično študijo o tem lahko najdete v: *Romana* (zbornik Prelature sv. Križa in Opus Dei), julij–december 1999, str. 292–306: *The Example of the Early Christians in Blessed Josemaria's Teachings*; na voljo tudi na www.romana.org.

62 Za podrobno sociološko analizo rasti Cerkve v tem času glej: Rodney Stark, *The Rise of Christianity*, Harper, San Francisco, 1998. Glej tudi njegov intervju: *A Double-Take on Early Christianity*, Touchstone, januar–februar 2000; na voljo tudi na www.touchstonemag.com.

63 Avtorjev nekoliko prilagojen citat iz *Pisma Diognetu*. Celoten prevod v slovenščino je bil izdan v: *Logos v obrambo resnice*, Mohorjeva družba, Celje, 1998.

64 Tertulijan, *Apologetik*, 37, 4; v: *Apologetski, polemični in katehetski spisi*, Kud Logos, Ljubljana, 2023.

65 Drugi vatikanski koncil, *Lumen gentium*, št. 31.

66 *Pogovori z msgr. Escrivájem*, št. 62 in 66.

67 David Scott, *A Revolution of Love: The Meaning of Mother Theresa*, Loyola, Chicago, 2005, str. 61–62.

68 *Pot*, št. 848.

69 *Brazda*, št. 183.

70 Prim. npr. *Pogovori z msgr. Escrivájem*, št. 10.

71 *Pot*, št. 82.

72 Zgodba o nogometnih ekipah v španskih zaporih je opisana v: John F. Coverdale, *Uncommon Faith: The Early Years of Opus Dei, 1928–1943*, Scepter, Princeton, 2002, str. 114.

73 Citat in komentar iz: *Patrimony for the Entire Church* (pogovor s Javierjem Echevarrío), Paulina Lo Celso (Argentina), 6. januar 2003.

74 Tertulijan, *Apologetik*, 39, 1.

8. POGLAVJE • SEKULARNOST IN SEKULARIZEM

75 *Brazda*, št. 308.

76 *Pogovori z msgr. Escrivájem*, št. 116.

77 *Lumen gentium*, št. 4; *Katekizem Katoliške cerkve*, št. 898.

78 *Zakonik cerkvenega prava*, kan. 225.

79 *Pogovori z msgr. Escrivájem*, št. 118.

80 Najbolj jasno in konstruktivno analizo problema klerikalizma je podal Russell Shaw. Njegov glas je glas vpijočega v puščavi. Glej zlasti njegova dela: *Catholic Laity in the Mission of the Church* (Requiem, Bethune, 2005), *To Hunt, to Shoot, to Entertain: Clericalism and the Catholic Laity* (Ignatius, San Francisco, 1993), *Ministry or Apostolate: What Should the Catholic Laity Be Doing?* (Huntington, Our Sunday Visitor, 2002), in, v soavtorstvu z Germainom Grisezom, *Personal Vocation: God Calls Everyone by Name* (Huntington, Our Sunday Visitor, 2003).

81 Prim. Andrés Vázquez de Prada, *Ustanovitelj Opus Dei*, 2. knjiga, str. 407.

82 John L. Allen, *Opus Dei*, str. 374.

83 Prim. *Lumen gentium*, št. 31.

84 *Kovačnica*, št. 508.

85 Prav tam, št. 703.

86 Vprašanje, kako morejo ljudje opravljati dobra dela tudi izven stanja milosti, zelo dobro obravnava sv. Janez Pavel II. v besedilu svoje splošne avdience, 10. 11. 1993.

87 Denzinger-Schönmetzer, št. 1925.

88 *Summa Theologica*, I-II, q. 109, a. 2.

89 »Strastno ljubiti svet« je naslov najbolj znane homilije sv. Jožefmarija, objavljene v: *Pogovori z msgr. Escrivájem*.

90 *Brazda*, št. 290.

9. POGLAVJE • SPOLNOST IN DARITEV

91 Sv. Janez Pavel II., Homilija v Puebli, 28. 1. 1979.

92 V zvezi z razmerjem med Bogom in družino je ključno izpostaviti, da obstajajo pomembne razlike med človeškimi družinami in božjo družino. Glej npr. *Katekizem Katoliške cerkve*, št. 239 in 370.

93 Transkripcija srečanja v šoli Tajamar (Madrid, Španija), 28. 10. 1972. Za to in druga neobjavljena besedila se zahvaljujem ustanovi *Istituto Storico San Josemaría Escrivá*.

94 Transkripcija srečanja v šoli Guadalaviar (Valencija, Španija), 18. 11. 1972.

95 *Jezus prihaja mimo*, št. 24.

96 Transkripcija srečanja v klubu Xénon (Lizbona, Portugalska), 3. 11. 1972.

97 Prav tam.

98   Prav tam.

99   Prav tam, 4. 11. 1972.

100   *Božji prijatelji*, št. 185.

101   *Jezus prihaja mimo*, št. 24.

102   V pesmi Beautiful Boy (Darling Boy) Johna Lennona (op. prev.)

103   Transkripcija srečanja v domu Pozoalbero (Jerez de la Frontera, Španija), 12. 11. 1972.

104   Prav tam.

105   Prav tam.

106   *Pot*, št. 122.

10. POGLAVJE • NAZAREŠKA DELAVNICA: ENOTNOST ŽIVLJENJA

107   *Strastno ljubiti svet*, v: *Pogovori z msgr. Escrivájem*, št. 114.

108   *Jezus prihaja mimo*, št. 126.

109   Prav tam.

110   Prav tam, št. 11.

111   Prav tam, št. 10.

112   *Božji prijatelji*, št. 165.

11. POGLAVJE • DELAVNA MATI

113   *Jezus prihaja mimo*, št. 173.

DODATEK 1 • SV. JOŽEFMARIJA IN SVETO PISMO

114   *Pogovori z msgr. Escrivájem*, št. 116 in 114

115   *Kovačnica*, št. 991.

116   Álvaro del Portillo, *Immersed in God: St. Josemaría Escrivá, Founder of Opus Dei, as Seen by His Successor, Bishop Álvaro del Portillo, interview by Cesare Cavalleri* (Scepter, Princeton, 1996), str. 121.

117   *Pogovori z msgr. Escrivájem*, št. 24.

118   *Pot*, št. 2.

119   *Brazda*, št. 26.

120   *Jezus prihaja mimo*, št. 14.

121   Álvaro del Portillo, *Immersed in God*, str. 119.

122 *Brazda*, št. 672. Glej tudi *Božji prijatelji*, št. 222.

123 *Božji prijatelji*, št. 216.

124 *Jezus prihaja mimo*, št. 107.

125 Prav tam.

126 Prav tam, št. 64.

127 Andrés Vázquez de Prada, *Ustanovitelj Opus Dei*, 1. knjiga, str. 354.

128 Drugi vatikanski koncil, *Dei verbum*, št. 11.

129 Álvaro del Portillo, *Immersed in God*, str. 121.

130 Prim. *Katekizem Katoliške cerkve*, št. 115–117.

131 Álvaro del Portillo, *Immersed in God*, str. 121.

132 *Pot*, št. 75.

133 *Summa Theologica*, I, 1, 10, ad 1; prim. *Katekizem Katoliške cerkve*, št. 116.

134 Pismo 29 . 12. 1947, citirano v: Andrés Vázquez de Prada, *Ustanovitelj Opus Dei*, 1. knjiga, str. 345.

135 Papeška biblična komisija, *Interpretacija Svetega pisma v Cerkvi*, IV, C, 1.

136 *Katekizem Katoliške cerkve*, št. 688.

137 *Jezus prihaja mimo*, št. 63.

138 *Strastno ljubiti svet*, v: *Pogovori z msgr. Escrivájem*, št. 113.

139 *Jezus prihaja mimo*, št. 89.